NOUVELLE
ÉDUCATION DE LA FEMME

DANS

LES CLASSES CULTIVÉES

PAR

La Vicomtesse D'ADHÉMAR

L'ÉDUCATION DANS LA FAMILLE ET LES INSTITUTRICES
LA TRIPLE VOCATION DE LA FEMME
LES GRANDES LECTURES — INNOCENCE ET IGNORANCE
UNE DOGMATIQUE DE L'AMOUR
NOS PROGRAMMES; LEUR JUSTIFICATION
LES DAMES DU PRÉCEPTORAT CHRÉTIEN

PARIS

LIBRAIRIE ACADÉMIQUE DIDIER
PERRIN ET Cⁱᵉ, LIBRAIRES-ÉDITEURS
35, QUAI DES GRANDS-AUGUSTINS, 35

NOUVELLE
ÉDUCATION DE LA FEMME

DANS

LES CLASSES CULTIVÉES

COULOMMIERS

Imprimerie PAUL BRODARD.

NOUVELLE

ÉDUCATION DE LA FEMME

DANS

LES CLASSES CULTIVÉES

PAR

La Vicomtesse D'ADHÉMAR

L'ÉDUCATION DANS LA FAMILLE ET LES INSTITUTRICES
LA TRIPLE VOCATION DE LA FEMME
LES GRANDES LECTURES — INNOCENCE ET IGNORANCE
UNE DOGMATIQUE DE L'AMOUR
NOS PROGRAMMES ; LEUR JUSTIFICATION
LES DAMES DU PRÉCEPTORAT CHRÉTIEN

PARIS

LIBRAIRIE ACADÉMIQUE DIDIER
PERRIN ET Cie, LIBRAIRES-ÉDITEURS
35, QUAI DES GRANDS-AUGUSTINS, 35
1896

AVANT-PROPOS

Notre devoir. — Notre but.

Si tout le monde, aujourd'hui, se croit autorisé à écrire et à publier ce qu'il écrit; si tant d'œuvres médiocres, voire même mauvaises, encombrent la librairie et surchargent la critique; si la licence des idées et les complications du *struggle for life* aboutissent à une sorte de libertinage intellectuel et mercantile, fatal à la saine philosophie autant qu'au bon goût, — la nécessité de réagir contre l'abus du *bavardage écrit*, par un silence exemplaire, paraît s'imposer, comme un devoir, à ceux qui n'ont pas, du moins, l'excuse du talent.

L'abord du public, dans de telles circonstances, est une épreuve redoutable, douloureuse, et souvent très longtemps ajournée.

Que ne peuvent cependant les convictions puissantes ! Quels entraînements dominateurs, invincibles, ne provoquent-elles pas ! — L'âme qui est gouvernée par de fortes croyances n'est plus libre de ne pas agir. Elle peut défendre un temps son repos ; mais l'action la saisit tôt ou tard, et tôt ou tard elle s'y livre.

Voilà pourquoi l'auteur de ces pages affronte aujourd'hui la publicité.

Un double but le sollicite :

Ouvrir une école normale libre et syndiquée, pour y former à un enseignement particulier et y grouper les Institutrices qui se destinent à l'éducation des jeunes filles, dans la famille ; réformer ensuite l'éducation de la femme, dans les classes cultivées de la société, par le moyen de ces *apôtres*, munis de principes nouvellement introduits dans leurs programmes d'études et exercés à une nouvelle méthode d'éducation.

Instruit par une laborieuse expérience, — vingt-cinq années de pratique maternelle, — l'auteur présente ici, aux mères préoccupées de l'éducation de leurs filles, quelques considérations, fruit d'un exercice prolongé et de profondes méditations.

Après les magnifiques études qu'un de nos Évêques les plus illustres publiait, il y a moins de trente ans, avec un si juste et si grand succès, notre tentative paraîtra, peut-être, aux yeux de certains lecteurs, une superfluité téméraire.

Qu'ils se rassurent. Notre travail n'est pas la rédaction d'une paraphrase insignifiante et oiseuse. Il traite des thèmes qui n'ont encore été abordés par personne. Toutefois, quoique original en ses matières, une étroite conformité de but le place néanmoins, très naturellement et très humblement, à la suite de l'œuvre entreprise par Monseigneur Dupanloup. Maître éducateur de la femme au xixe siècle, instigateur puissant d'un mouvement non pas *féministe*, mais *féminin*, essentiellement bienfaisant et véritablement progressiste, l'éminent Évêque d'Orléans a, l'un des premiers, provoqué la haute culture intellectuelle de la femme, et ce n'est pas son moindre mérite à nos yeux, car il a ainsi légué aux continuateurs de son œuvre et aux adeptes de l'*utilisation apostolique de la femme cultivée*, un patronage auguste et vénéré. Nous nous réclamons donc, avec respect, de sa glorieuse mémoire, et nous nous plaçons avec confiance sous son drapeau tutélaire.

Notre programme est très simple.

Pourquoi la bonne éducation est-elle, de nos jours, de plus en plus stérile et décevante, en ses résultats? — Parce que, de plus en plus, elle s'arrête à l'heure délicate, quand au contraire il conviendrait de la poursuivre avec une recrudescence d'intelligente application.

Pourquoi cesse-t-elle précisément à l'âge qui en réclame l'actif développement? — Parce que, sur certains points essentiels, les systèmes manquent de principes philosophiques nettement définis.

Pourquoi en manquent-ils? — Parce que d'une part la libre pensée, qui se dit neutre, les écarte, et que d'autre part les éducateurs chrétiens les ont jusqu'ici redoutés.

Sans nous occuper de la libre pensée, il est temps de s'apercevoir que, chez les chrétiens, la mise au point de l'éducation avec les idées et les mœurs modernes n'a pas été faite; que cette lacune, dans nos systèmes, explique les avortements trop fréquents de nos efforts actuels, et qu'on ne doit plus tarder à introduire, dans l'éducation, les hautes formules philosophiques, qui en sont la garantie et la force.

Étudier ces formules directrices dans leurs rapports avec la femme et fixer l'opinion des Institutrices sur les points encore obscurs, pour donner à celles-ci les moyens de pousser l'éducation jusqu'à sa période finale d'achèvement, tel est notre dessein.

La réforme est importante. Elle n'a chance d'aboutir que sous une double condition :

Accepter les libertés acquises, en les reliant aux principes fondamentaux qui en contiennent la loi ; émanciper très largement la jeunesse, en réglant cet essor, par les doctrines très serrées qui en sont le *lest* pondérateur.

De là, les hardiesses de nos vues et l'austérité de nos conseils.

Nos aperçus philosophiques étonneront sans doute, au premier abord, quelques-uns de nos lecteurs, surpris et déconcertés. Mais ces défections inévitables n'empêcheront pas, espérons-le, l'opinion de marcher avec nous, ou du moins ses représentants épris de haute morale, véritablement observateurs, logiques et sincères. Mis en présence des problèmes, que nous étudions énergiquement dans la deuxième partie de ce livre, nos solutions éminemment libérales et spiritualistes leur paraîtront sans doute, comme à nous, seules susceptibles d'approprier désormais l'éducation aux besoins de ceux qui ne veulent rien abdiquer des progrès modernes ni des dogmes chrétiens.

En effet, la civilisation démocratique ne saurait se développer avec ordre et continuité, sans qu'une élite morale, constituant son aristocratie nécessaire, affirme et vulgarise des vertus supérieures, et par conséquent connaisse et proclame des vérités plus élevées.

Nous diviserons ce livre en quatre parties.

La première, simple rapport assez aride, traitera de l'insuffisance intellectuelle et morale des Institutrices, ainsi que des difficultés de leur recrutement. Nous montrerons que notre époque, si fertile en créations scolaires, laisse encore en souffrance un système d'éducation très répandu et cependant le moins réglé, — l'éducation dans la famille, par les soins d'une Institutrice; — et nous conclurons, avec preuves méthodiquement présentées, à la nécessité de fonder *une œuvre* répondant aux besoins multiples des familles.

Nous exposerons dans la seconde partie, — la plus importante, parce qu'elle est. d'un intérêt général, — les principes destinés à harmoniser l'éducation chrétienne avec les tendances modernes, dans le but de provoquer en France ce que M. Paul Bourget a si heureusement appelé : « l'*identité de l'Éducation et de la Vie.* »

La troisième partie contiendra nos programmes, sorte de catalogue raisonné des grandes lectures utiles, dont le choix sera justifié par nos motifs développés.

Enfin, en manière de conclusion, la quatrième partie fera appel à la sympathie des familles, et à la vocation des jeunes personnes qui voudraient embrasser l'*apostolat* de l'enseignement privé et s'enrôler dans la phalange des nouvelles Institutrices.

L'auteur espère être compris, approuvé et suivi.

— C'est pour Dieu que nous travaillons : que Dieu nous aide !

NOUVELLE
ÉDUCATION DE LA FEMME

DANS

LES CLASSES CULTIVÉES DE LA SOCIÉTÉ

PREMIÈRE PARTIE

L'ÉDUCATION DANS LA FAMILLE ET LES INSTITUTRICES

**Principaux motifs
de la fondation de l'Institut des Dames
du Préceptorat chrétien.**

CHAPITRE I

PREUVE DE L'OPPORTUNITÉ DE L'ŒUVRE, TIRÉE DE SON ORIGINALITÉ DISTINCTIVE.

Est-il opportun de former de nouvelles Institutrices?

Nous n'en doutons pas.

Cependant une objection s'élève :

« Former de nouvelles Institutrices, y songez-vous! s'écrie-t-on. Mais c'est de la démence! Ne savez-vous pas qu'un mouvement excessif porte les jeunes filles de toutes les classes, vers la carrière de l'enseignement? Ne savez-vous pas que l'Université, singulièrement embarrassée par la multitude de concurrentes qui aspirent aux postes scolaires, décerne chaque année un nombre de diplômes non seulement supérieur aux places dont elle dispose, mais très supérieur également à l'ensemble des places que peuvent offrir les Institutions libres et les familles? Ne savez-vous pas qu'une armée de jeunes filles, pourvues d'un ou deux brevets, se trouvent à l'heure actuelle sans position, après avoir conquis les grades qui devraient leur ouvrir la carrière? Ne savez-vous pas que, si on flatte la vogue qui attire les jeunes filles vers l'enseignement, le nombre des Institutrices égalera un jour le nombre des élèves?...

« De grâce, arrêtez et ne poussez pas! En préparant de nouvelles Institutrices vous ne ferez qu'augmenter l'encombrement actuel, encombrement déplorable et dont les conséquences funestes se retournent déjà contre un trop grand nombre de victimes. Avez-vous compté les malheureuses qui sont sans emploi, celles qui manquent de pain, celles qui couchent à l'hospitalité de nuit, celles qui, de misère en misère et de chute en chute, tombent, hélas! dans les bas-fonds de la société?...

« Au lieu de former de nouvelles Institutrices, l'entreprise véritablement opportune c'est à tout prix de faire barrage au courant qui entraîne les jeunes filles vers la carrière de l'enseignement. Si vous agissiez dans ce sens, l'opinion publique serait avec vous et les adhésions vous arriveraient de toutes parts. Mais en sens contraire personne ne peut vous suivre. »

Telle est l'objection qu'on nous oppose.

En elle-même elle a de la valeur, nous en convenons sans peine. Elle a même une valeur considérable et nous n'avons rien à répondre — sinon qu'elle ne s'adresse pas à notre œuvre.

Je m'explique :

Ce n'est pas nous qui augmenterons le nombre des déclassées. Nous n'avons rien de commun avec l'Université, ses diplômes, ses promesses, ses maîtresses, ses écoles. Nous ne songeons nullement à préparer des Institutrices brevetées, pour les jeter ensuite sur le pavé des grandes villes. Le but de notre œuvre est tout différent.

Notre œuvre se propose premièrement de préparer et de procurer aux familles, qui élèvent leurs filles à la maison, de bonnes Institutrices : trésor difficile à trouver.

Elle se propose, en second lieu, de grouper ces Institutrices en communauté, et par là de les soustraire aux chances aventureuses. Ce trait distinctif, ce caractère essentiellement religieux de notre institution lui communique, on le voit, une originalité qui écarte toute comparaison avec les œuvres existantes. C'est là ce qui lui donne une particularité nouvelle incontestable, la dégage des objections ordinaires et lui assure une indépendance d'allure, très favorable à l'expansion et au succès.

Notre création est absolument nouvelle. Elle se distingue autant des établissements universitaires que des établissements libres, religieux ou laïques. Elle répond à des besoins qui ne sont pas satisfaits par les ressources actuelles. Elle vise un système d'éducation spécial : l'éducation à domicile, par les soins d'une Institutrice. Elle prépare cette Institutrice particulière et elle fonde une association qui met ses sujets à l'abri du mauvais sort. — Personne ne s'est encore occupé de faciliter l'éducation sous le toit maternel, ni d'opérer le groupement qui assurera la destinée de nos futures Institutrices. Nous agissons sur un terrain absolument neuf, avantage qui nous couvre contre l'objection précitée.

Nous ne nous présentons pas en rivaux. Nous

ne faisons ni procès ni concurrence à qui que ce soit. Nous n'allons sur les brisées de personne. Nous sommes *nous-mêmes* et non *autrui*. Par là, nous échappons aux critiques anciennes. Nous récusons donc les vieux arguments qu'on voudrait préalablement soulever, contre une œuvre encore inconnue. La nouveauté l'exempte des opinions toutes faites; et l'objection par laquelle on voudrait tout d'abord nous arrêter, en nous reprochant de contribuer à l'encombrement des carrières, tombe d'elle-même, puisque nous ouvrons au contraire une école qui assurera à ses disciples une position certaine et offrira aux familles des Institutrices telles qu'il n'en existe pas actuellement.

— Poursuivre ce double but, n'est-ce pas créer une œuvre véritablement opportune?

CHAPITRE II

PREUVE DE L'OPPORTUNITÉ DE L'ŒUVRE, TIRÉE DE
L'EMPLOI CROISSANT DES INSTITUTRICES A DOMICILE.

Le système de l'éducation à domicile, par les
soins d'une Institutrice, s'est accrédité en France
depuis une trentaine d'années environ. Il a pris
très vite une grande extension. La fondation des
Lycées de garçons qui sécularisa, sous le premier
Empire, l'éducation masculine, devait entraîner
tôt ou tard une transformation semblable de l'éducation des filles. C'est ce qui a eu lieu. L'origine,
trop peu remarquée, de cette transformation qui
a profondément modifié les habitudes antérieures,
eut son point de départ dans la création des cours
Duruy, sous le second Empire. Malgré ses premières difficultés, cette création universitaire,
— Monseigneur Dupanloup ne s'y était pas

trompé, — a exercé une influence maîtresse sur l'éducation des filles, qui, de religieuse qu'elle était, a tendu aussitôt à devenir laïque. En effet, après avoir appartenu aux maisons religieuses presque à titre de monopole, l'éducation des filles s'est peu à peu et de plus en plus laïcisée, sous l'impulsion d'un mouvement répercuté de haut en bas.

Autrefois, le nombre et la variété des ordres religieux enseignants répondaient aux besoins particuliers des différentes classes de la société. Depuis la famille ouvrière en parcourant tous les degrés de la bourgeoisie et de l'aristocratie, la hiérarchie sociale entière, avec ses nuances multiples, ses idées propres et ses aspirations graduées, trouvait dans la diversité des établissements religieux une correspondance de genres, parfaitement adaptés aux exigences de chacun. Ainsi, il y a trente ans à peine, la plupart des jeunes filles qui aujourd'hui suivent les cours, étaient encore élevées au couvent, et les familles ne prenaient des Institutrices que très rarement et par exception. Il n'en est plus ainsi.

Le système de l'éducation à domicile, par les soins d'une Institutrice, existait de longue date sans doute; il n'est pas nouveau. Mais il fut longtemps le privilège des grandes fortunes ou la conséquence forcée de certaines situations. Il ne s'est vulgarisé qu'après l'institution des cours libres, qui en ont nécessité l'emploi sous une forme nouvelle, favorable à un besoin nouveau. En effet, si d'ailleurs on usait beaucoup autrefois et on use encore d'Institutrices comme professeurs exclusifs, à la campagne, dans des centres dépourvus de ressources pédagogiques, les Institutrices sont aussi recherchées actuellement là où des maîtres de conférences et de cours réclament l'aide de répétitrices, de directrices, d'éducatrices.

L'un et l'autre cas justifient la création de notre œuvre. N'aurait-elle qu'à fournir des sujets *capables*, à la petite ville qui est pauvre de moyens d'étude ou à la campagne, dans les maisons où l'Institutrice doit mener à bien une éducation complète, elle rendrait déjà d'éminents services. Mais le champ est bien autrement vaste. A Paris et dans les grandes villes de France, on ne va plus ou presque plus au couvent. On fréquente les cours universitaires ou libres. Sous le coup de la réforme ministérielle, c'est-à-dire depuis l'impulsion donnée à l'enseignement public par M. Duruy, les familles soudain frappées, à tort ou à raison, de l'insuffisance des études au couvent, et aussitôt ébranlées par une sorte d'entraînement général, sont entrées dans une voie nouvelle. On change de système, jusque dans les milieux aristocratiques les plus rigoureusement catholiques. Réfractaire aux influences gouvernementales directes, mais soumise à l'engouement de la mode, l'aristocratie catholique adopte l'usage des cours. Elle a sans doute d'autres cours que les cours universitaires, des cours fondés par elle, inspirés de ses convictions, offrant toutes garanties d'orthodoxie; mais il n'en est pas moins vrai que l'action gouvernementale a provoqué l'initiative privée et a mis les cours en faveur, si bien que nous voyons les couvents peu à peu détrônés et dépeuplés d'élèves. Il ne sied pas de faire ici une statistique indiscrète dont le détail importe peu, mais il faut constater que, dès lors, l'emploi des Institutrices se multiplie considérablement.

Les cours répondaient sans doute à des besoins réels, puisqu'ils n'ont pas tardé à acquérir un développement significatif. Il y en a maintenant de toute espèce, pour tous les âges, pour toutes les bourses, pour tous les milieux. De ce fait, l'enseignement autrefois donné par les communautés religieuses s'est trouvé, d'année en année, supplanté par l'enseignement périodique universitaire ou libre.

On emploie encore les Institutrices, auprès des jeunes garçons, cherchant ainsi à les soustraire le plus longtemps possible à l'omnipotence de l'esprit prétendu neutre, mais trop souvent anti-religieux qui malheureusement anime, çà et là, l'Université.

Beaucoup de parents, plus prudents que logiques, même lorsqu'ils regardent la Religion comme une institution surannée et indigne de l'homme libre, redoutent néanmoins les effets prématurés de l'irréligion sur l'enfance. Ils les considèrent comme un danger pour leurs fils en bas âge et, sauf exceptions très rares, ils n'adoptent l'internat que le moins possible et surtout le plus tard possible. Dans les petites classes, jusque vers la cinquième ou la quatrième, il y a dans les Lycées une majorité d'élèves externes; ces enfants sont très souvent, en plus grand nombre qu'on ne le croit, soumis à la direction, à la surveillance et à l'influence d'une Institutrice ou d'un Précepteur. Mais le Précepteur n'est accepté généralement que faute d'une bonne Institutrice. Celle-ci lui est infiniment préférable; outre qu'elle rend des services plus variés, elle gêne moins, elle coûte moins, et elle assure à l'enfant des soins tendres qui lui conviennent. La direction virile d'un homme, nécessaire à son heure, gagnerait beaucoup à ne pas s'user fâcheusement dans la première enfance. Les parents seraient heureux de trouver des Institutrices vraiment capables, solidement instruites, préparées à présider avec autorité à l'éducation de leurs filles et même pendant quelque temps à celle de leurs fils.

Il est donc évident qu'une œuvre ayant pour but de former de bonnes Institutrices, de véritables *éducatrices*, est une œuvre opportune.

CHAPITRE III

PREUVE DE L'OPPORTUNITÉ DE L'ŒUVRE, TIRÉE DE L'INSUFFISANCE INTELLECTUELLE, MORALE ET RELIGIEUSE DE LA MAJORITÉ DES INSTITUTRICES.

L'insuffisance intellectuelle, morale et religieuse des Institutrices qui se consacrent à l'éducation privée des jeunes filles, soulève des plaintes générales. Nous avons le triste devoir de démontrer combien souvent ces plaintes sont légitimes, et nous ne le prouverons que trop aisément par le simple et sommaire examen des principaux types d'Institutrices, qui prêtent leur concours aux mères de famille.

Nous distinguerons trois groupes, c'est-à-dire nous ramènerons nos esquisses à trois types principaux :

Institutrices bien nées, mais sans préparation;

Institutrices brevetées;

. Institutrices encyclopédiques.

Examinons rapidement chacun de ces trois groupes et commençons par les Institutrices bien nées, mais sans préparation.

Les jeunes personnes qui cherchent à entrer dans les familles en qualité d'Institutrices, se recrutent en grand nombre parmi les victimes d'une destinée sans issue. Obligées de renoncer au mariage, faute de dot; impropres aux carrières ouvertes aux femmes, faute de préparation ; exclues des métiers manuels par les préjugés de milieu, les jeunes filles bien nées qui ne trouvent pas de mari, qui n'ont pas conquis de diplôme et qui ne veulent pas faire des robes ou des chapeaux, n'ont plus qu'une seule ressource, quand elles sont appelées à gagner leur vie : entrer dans une famille en qualité d'Institutrices.

Or, comment voulez-vous qu'elles soient capables de remplir leur mission?

Au point de vue intellectuel, moral et religieux, leur insuffisance est notoire. Au point de vue intellectuel tout d'abord, cela va sans dire, l'insuffisance d'une Institutrice qui n'a rien appris est manifeste, attendu que le savoir est la condition inéluctable de l'enseignement, même le plus élémentaire. Insuffisantes au point de vue intellectuel, elles ne le sont pas moins moralement. On voudra bien considérer, en effet, que l'influence morale s'exerce par l'action du caractère; or, ces pauvres jeunes filles n'ont pas plus de caractère que de savoir. Avec du caractère, elles auraient combattu leur ignorance et triomphé de leurs préjugés.

Ont-elles, au moins, des principes religieux solides? Mais qui ne voit qu'avec des principes religieux solides elles n'accepteraient pas une mission, qu'elles se savent incapables de remplir et dont les grands devoirs font trembler la conscience?

Une observation est à noter toutefois : malgré la triple lacune que nous signalons chez les Institutrices appartenant à ce premier groupe, malgré l'insuffisance de l'instruction, du caractère, des principes religieux, c'est encore parmi les jeunes personnes bien nées qu'on a chance actuellement de rencontrer des qualités très précieuses. On trouve chez plusieurs d'entre elles des natures élevées, de la tendresse de cœur, de la délicatesse, de la bonne volonté, du dévouement réel. Bien placées, il y en a qui se transforment peu à peu et acquièrent, dans l'exercice de leur profession, non pas les connaissances intellectuelles qui leur manqueront toujours, mais du moins la formation morale et le sentiment religieux, issus de l'expérience et que les peines et les années développent chez les âmes dociles.

A tout prendre, ce premier groupe est encore celui qui, malgré ces lacunes, offre le moins d'inconvénients. On a vu quelquefois sortir de ses rangs, non certes de bons professeurs, mais du moins de bonnes éducatrices, capables d'exercer sur leurs élèves une influence heureuse.

Elles fourniront, nous n'en doutons pas, une notable partie de nos recrues et notre œuvre y trouvera certainement des sujets d'élite à former; tandis que le groupe des Institutrices brevetées, auquel nous passons tout de suite, sera peut-être plus ingrat, c'est-à-dire moins riche en ressources morales.

L'étude des Institutrices brevetées impliquerait sans contredit une déclaration de principes sur la question de l'enseignement et une appréciation des programmes universitaires. On trouvera plus loin, l'une et l'autre. Nous développerons, en temps et lieu, nos idées particulières sur les études qui nous paraissent convenir aux femmes, ainsi que la critique des programmes en usage.

En attendant, nous accorderons aux Institutrices brevetées l'avantage qui s'attache aux connaissances précises, quelles qu'elles soient. Animées d'un certain esprit de méthode, elles enseignent avec un certain enchaînement et selon certains plans d'ensemble.

Elles ont de la clarté et de la suite. Mais leur instruction manque en général de profondeur et d'élévation.

L'édifice n'a ni base ni couronnement. Elles fournissent des éléments de culture intellectuelle malheureusement mal choisis et sans portée éducative.

Victimes d'un travail ingrat, pénétrées de dégoût ou enflées de vanité pédantesque, leurs tristes élèves récoltent souvent, pour prix de leurs efforts, l'aversion de l'étude et la haine de toute lecture sérieuse.

Il est certain que, même au point de vue intellectuel, les Institutrices brevetées, sauf exception, sont loin de réaliser l'idéal. Ce n'est pas tout à fait leur faute; c'est surtout la faute des programmes universitaires. Mais le résultat n'en subsiste pas moins. Nous avons le devoir d'en prendre note.

Souvent insuffisantes, quelquefois même funestes au point de vue intellectuel, les Institutrices brevetées le sont encore au point de vue moral. Elles pèchent fréquemment par l'éducation et les sentiments, double tort qui découle non pas certes de leur naissance — David était un petit berger et Jeanne d'Arc une humble fille des champs, — mais des motifs déterminants de leur carrière. Filles d'artisans pour la plupart, la majorité des aspirantes aux diplômes se prépare au concours non pas à cause d'un goût sensible pour l'étude ni par suite de dispositions naturelles supérieures. Il arrive trop souvent, au contraire, que sans goût et sans dispositions, elles briguent les diplômes, tout simplement par vanité et parce qu'elles méprisent les métiers traditionnels de leurs parents. Cœurs sans noblesse, âmes sans grandeur, intelligences médiocres, elles obtiennent le fameux brevet à coups désespérés de mémoire. L'étude, ce sublime moyen d'échauffer le cœur en éclairant l'esprit, n'est pour elle qu'une route banale à suivre pour parvenir; bientôt jugée trop pénible, elle semble fastidieuse et devient abhorrée, en proportion des efforts qu'elle coûte aux intelligences communes qui ne peuvent que difficilement progresser. Celui qui est incapable d'apprendre avec facilité, reste ignorant malgré les diplômes; à force de peiner dans la poussière des livres, il en est couvert, — mais cette poussière superficielle s'envole au moindre souffle. Aussi a-t-on conquis enfin l'estampille glorieuse, que fait-on?... On jure haine et mort à l'étude; on renie à tout jamais les livres accablants — et voilà dans quelles dispositions intimes on vient enseigner dans les familles !

Observons d'ailleurs que les sujets capables d'aborder les études supérieures ont de nos jours, par l'École de Sèvres, les moyens d'accéder au professorat et trouvent dans les Lycées de filles des situations indépendantes et lucratives, bien préférables à la position d'Institutrice dans une famille. Justement tentées par les avantages que leur offre le poste de professeur dans un Lycée féminin, les jeunes filles particulièrement bien douées et laborieuses ne s'arrêtent pas aux brevets simples et supérieurs; elles poussent jusqu'au concours de licence ou d'agrégation, qui donnent place aux emplois de l'enseignement secondaire de l'État. Et voilà une nouvelle raison de l'abaissement du niveau intellectuel des Institutrices brevetées, fruits secs des études supérieures, qui offrent leur science incomplète et décousue aux familles.

Mais revenons au côté moral. — Quelle peut être la valeur morale d'une jeune fille, entrée dans la carrière sous les tristes auspices de l'incapacité vaniteuse et déçue? Qui l'a *élevée*, du reste, cette jeune fille? Sont-ce ses dignes parents?... Y

songez-vous! Son père n'est qu'un honnête ouvrier et sa mère une humble femme sans art et
sans lettres. Elle, elle est une *Demoiselle*. Dès la
salle d'asile elle en savait plus que père et mère.

— Les maîtresses, ses seules éducatrices, ont fait
du moins quelque chose!... Mais vous oubliez
qu'à l'école, au pensionnat, il faut mourir sur
l'implacable programme. On a bien le temps, en
vérité, de songer à l'éducation!... Que deviendrait
l'examen? On se passe de l'éducation; on ne se
passe pas de diplôme; voilà le raisonnement
moderne.

Absurde et funeste dédain! L'éducation est bien
autrement importante que la grammaire et le
calcul. La grammaire et le calcul ne sont que
l'art de parler et de compter, tandis que l'*éducation*
est l'art de vivre, ni plus ni moins.

Quelles garanties morales pourraient donc
offrir ces jeunes filles ainsi préparées? Faussées
par l'orgueil, aigries par les déceptions, portées à
l'envie comme tous les êtres malheureux qui
vivent au milieu du bonheur d'autrui, qui sont
rivés à des situations pénibles et qui ne nourrissent pas, dans leur âme, les fortes espérances
d'une vie meilleure; susceptibles, ombrageuses,
assez sottes pour rougir de leur origine et de
leur condition, elles seront beaucoup plus occu

pées d'elles-mêmes que de leurs élèves, de telle sorte que leur influence sera, par sa nullité même, très fâcheuse au point de vue moral et plus encore au point de vue religieux.

Quelle influence religieuse peut avoir, en effet, une personne formée à l'école d'une neutralité stérilisante? Que peut-on demander à des femmes dont l'esprit est desséché, le cœur aigri, et en qui la charité n'a pas de germe? — Quelques croyances demeurent peut-être, certaines pratiques sont peut-être observées, mais l'amour divin, ce feu sacré ignoré de l'âme qui ne le porte pas en soi, comment en feraient-elles jaillir l'étincelle dans l'âme de leurs élèves?

L'insuffisance des Institutrices brevetées n'est que trop manifeste. Soumis à cette rapide étude, notre deuxième groupe aussi bien que le premier s'annonce, hélas! comme peu digne de satisfaire les familles au triple point de vue intellectuel, moral et religieux.

Voyons, en dernière analyse, ce qu'il reste à attendre du troisième groupe, par lequel je termine notre sommaire classification. Sans prétendre examiner toutes les variétés d'Institutrices (car il faut abréger), ce succinct aperçu limité aux genres précédents serait par trop incomplet, si nous négligions une troisième espèce, d'autant plus intéressante qu'elle est très en honneur et qu'elle caractérise, par sa grande vogue, un mal qui est de nature à justifier l'opportunité de notre œuvre.

Les Institutrices *encyclopédiques* sont, le nom en témoigne, celles qui savent tout. Elles parlent plusieurs langues vivantes, elles connaissent l'histoire, la littérature, la géographie, les sciences naturelles (botanique, astronomie, chimie, physique, cosmographie, etc., etc.); elles jouent du piano, font du dessin et de la peinture. D'ordinaire elles n'ont pas de diplôme; mais à quoi bon les diplômes, quand on possède un tel fonds scientifique? Les réputations s'établissent par les familles, chez lesquelles on exerce. Les familles délivrent des certificats enthousiastes, et nos *encyclopédies vivantes* circulent triomphalement de château en château ou d'hôtel en hôtel, bien que, d'ailleurs, le château ait plus que l'hôtel le goût et le besoin des Institutrices encyclopédiques, attendu qu'on n'a pas à la campagne les mêmes ressources qu'à la ville.

Nous qualifierons d'un mot l'enseignement donné par cette troisième catégorie d'Institutrices : c'est un trompe-l'œil tellement superficiel, qu'il n'a pas d'autres dupes que les aveugles.

Les pauvres enfants, dirigées par les Institutrices encyclopédiques effleurent tout sans rien approfondir et finalement sans rien apprendre. Chose plus grave, non seulement elles n'apprennent rien, mais la méthode ultra-superficielle qui a présidé à leur instruction et qui s'est exercée tout d'abord au préjudice des études solides, a encore le déplorable résultat de nuire au développement général de l'intelligence, dissipée sur un ensemble de connaissances beaucoup trop vaste. L'enseignement encyclopédique, déjà fatal aux diverses branches qu'il cultive, est surtout nuisible par les ravages qu'il fait dans les facultés de l'esprit : dispersion des idées, surmenage dans le gaspillage, absence totale de méthode précise, aucun développement profitable.

Sur le terrain moral et sur le terrain religieux, même nullité de résultat. Quand une direction si légère gouverne l'éducation, elle ne produit ni des caractères virils ni des âmes fortement religieuses. Ce qui a été dit des effets d'un enseignement superficiel, inconsidéré, sur l'intelligence, s'applique, dans le domaine de l'éducation, au cœur et à l'âme. Faiblesse de l'intelligence, faiblesse du cœur, faiblesse de l'âme, tels sont les fruits. Voilà pourquoi les Institutrices, dites encyclopédiques, sont tout aussi impropres à remplir leur haute mission que les Institutrices, dites bien nées mais ignorantes ou les Institutrices dites brevetées.

Nous ne poursuivrons pas plus loin notre examen.

Les personnes disposées à l'analyse minutieuse auront sans doute encore beaucoup à dire, après nous, sur les groupes et en dehors des groupes d'Institutrices ainsi définis et succinctement passés en revue. Le sujet prête aux divisions, aux subdivisions, aux développements analytiques. Essentiellement complexe, il offre des variétés nombreuses. Nous ne prétendons pas les avoir épuisées, en distinguant les trois principales. Mais l'étude complète de toutes les variétés d'Institutrices ne rentrerait pas dans notre cadre. Nous voulions démontrer seulement que les Institutrices sont, pour la plupart, insuffisantes au point de vue intellectuel, moral et religieux; qu'il y a nécessité de former des Institutrices vraiment capables, et apporter un argument solide à l'appui de notre thèse.

L'opportunité de notre œuvre ressort de cette preuve nouvelle.

CHAPITRE IV

PREUVE DE L'OPPORTUNITÉ DE L'OEUVRE, TIRÉE DES
PRÉTENTIONS EXCESSIVES ET DÉSORDONNÉES DES
FAMILLES.

Le système de l'éducation des filles, élevées à
la maison par une Institutrice, tel qu'il est pratiqué — et praticable, vu les ressources actuelles
— est très défectueux, du chef des Institutrices.
C'est ce qu'on a examiné dans le précédent chapitre. Nous avons reconnu que la plupart des
Institutrices sont d'ordinaire insuffisantes au
triple point de vue intellectuel, moral et religieux. La situation a été exposée sans ménagements et sans parti pris. Nous étudierons, avec la
même franchise, les inconvénients qui résultent
du fait des familles, car les familles en général
ne favorisent pas plus que les Institutrices le système de l'éducation à domicile.

Je formule trois griefs : je déclare premièrement que les prétentions des familles sont excessives en matière de savoir; deuxièmement, que les mères rédigent des programmes inapplicables; enfin qu'elles imposent des règlements beaucoup trop rigoureux. — Passons au détail.

Il est aisé de prouver que les familles émettent des exigences absolument exorbitantes sur le terrain du savoir : un simple rapprochement fera, sur ce point, toute notre démonstration. Nous prions le lecteur de considérer la différence qui existe, quant au savoir, entre les prétentions des familles relativement aux Précepteurs et relativement aux Institutrices. Qu'arrive-t-il, en effet? S'il s'agit d'une Institutrice, les familles ne demandent rien moins que l'universalité des connaissances. S'il s'agit d'un Précepteur, l'instruction classique suffit. De l'Institutrice on réclame, outre l'instruction classique complète, la connaissance des langues étrangères, de la musique, du dessin, de la peinture, accompagnée de données scientifiques très étendues. On se persuade que l'étude des langues mortes, latin et grec, requise des Précepteurs, équivaut à l'étude des langues vivantes, anglais et allemand, par exemple. D'accord. J'admets la balance sur ce point. Mais on conviendra qu'il est exagéré de demander encore l'enseignement des arts. L'acquisition d'un talent, soit en musique, soit en peinture, n'est ni le fait de tout le monde ni une petite entreprise. Outre les dispositions naturelles aussi rares qu'indispensables, la culture d'un art, d'un seul, musique ou dessin, exige des études laborieuses. Les musiciens et les peintres les considèrent comme exclusives, dès qu'on veut, non pas réussir, mais simplement s'élever au-dessus du médiocre. Eh bien! on n'exige pas seulement d'une Institutrice l'enseignement classique complet, avec l'enseignement de langues vivantes et de quelques sciences, mais il faut aussi les arts dits d'agrément : la musique, le dessin, la peinture, les travaux d'aiguille, que sais-je encore? Bref, jamais on ne réclame d'un Précepteur ce qu'on demande à presque toutes les Institutrices. C'est là une inégalité insensée, véritablement significative. Elle suffit pour permettre de déclarer exorbitantes les prétentions des familles, en matière de savoir par rapport aux Institutrices.

Autre tort. Il règne, chez les mères de famille, une seconde prétention très générale et non moins inadmissible que la première, dont elle est, du reste, la conséquence fatale. Après avoir exigé des Institutrices les vastes connaissances qu'on ne réclame pas des Précepteurs, même les plus parfaits, on impose aux Institutrices un programme inapplicable dicté par l'ignorance et par la vanité la plus prétentieuse. Il est vrai que les mères, en formulant ces beaux programmes et en traçant d'une main déliée les lignes d'ensemble, se gardent habilement du détail. Elles sentent bien qu'ici le détail est la condamnation du tout. Assez inexpérimentées pour imposer des programmes chimériques, elles sont du reste assez adroites pour ne pas descendre sur le terrain pratique de l'exécution. Elles ne disent mot ni des livres à employer, ni des méthodes à suivre, ni des développements qu'il faut donner aux différents cours. On ne fixe ni le nombre d'années qu'on destine aux études, ni le cadre des matières qu'on devra parcourir annuellement. On aligne une série de mots énormes : grammaire, littérature, histoire, géographie, calcul, botanique, chimie, physique, histoire naturelle, allemand, anglais, piano, dessin, etc., etc. La liste donnée, il faut que l'Institutrice s'y conforme et y satisfasse; n'est-ce pas pour cela qu'on l'a prise?

Mais, dira-t-on, l'Institutrice n'a qu'à discuter un tel programme pour en démontrer l'impossibilité pratique. Assurément. Par malheur, l'incapacité de l'Institutrice égale, neuf fois sur dix, l'extravagance de la mère. Embarrassée, craintive, la peur de déplaire la paralyse. Elle tremble de mal défendre sa cause et de perdre sa fragile réputation. L'obéissance passive est sa seule ressource.

Le lecteur verra plus loin de quelle manière on se propose de remédier aux programmes maternels, en leur substituant un grand programme ultérieurement commenté et justifié ici même. Les Institutrices auront été préparées en vue de son application. Elles le suivront, sous la direction constante d'un patronage éclairé. Ce programme étendu, d'ailleurs très souple, pourra être réduit au gré des familles, pourvu qu'il ne soit pas dénaturé dans ses fins éducatives, car il ne saurait relever de l'incompétence, de l'arbitraire et du caprice individuel.

Le troisième tort des familles est relatif au règlement de vie.

De la composition du programme les mères passent au règlement de vie, c'est-à-dire à la distribution du travail et à la division du temps. C'est leur droit; je dis plus, c'est leur devoir. Mais pourquoi l'exercent-elles si mal? Trop souvent, dès les premiers jours, avant toutes relations établies, la mère ayant donné la liste des études, détermine et fixe les heures de travail. Encore une fois, c'est son droit. Si elle en usait judicieusement, il n'y aurait rien à dire. La primauté dirigeante appartient à la mère, c'est incontestable, nous n'attaquons pas les droits maternels, Dieu nous en garde! Malheureusement l'exercice des droits maternels ne fonctionne pas toujours avec jugement et équité. De là, beaucoup d'inconvénients. En général, le règlement imposé aux Institutrices est aussi déplorable que le programme. Avec des connaissances universelles, on exige d'elles un travail ininterrompu, sans recueillement possible, même le dimanche. Dans un grand nombre de maisons, l'Institutrice n'a pas dans la journée un quart d'heure de répit. Attelée à ses élèves du matin au soir, elle passe des années entières dans le plus étroit et dans le plus dur esclavage. Qui est-ce qui oserait infliger à un Précepteur le dévorant travail, qui tourne chez les Institutrices à l'absorption totale d'elles-mêmes?

Si les mères observaient ce qui se passe, les résultats funestes du règlement leur en découvriraient les vices. Qu'arrive-t-il en effet? La fatigue, le dégoût, la révolte saisissent les élèves et les Institutrices; c'est fatal. Avec les ressources actuelles, le mal est sans remède. Aussi longtemps qu'on n'aura pas formé des Institutrices capables, ni fondé à leur profit une association tout à la fois directrice et protectrice, elles dépendront absolument des **familles** et de leur bon plaisir.

Ces constatations sommaires concluent, d'elles-mêmes, à la nécessité d'une réforme.

Considérant, premièrement, que les familles exigent un ensemble de connaissances impossibles à réunir chez une seule personne; secondement, qu'elles imposent des programmes inapplicables, et enfin qu'elles abusent des Institutrices : ce triple tort plus irréfléchi que volontaire et favorisé d'ailleurs par les idées courantes aussi bien que par l'incapacité de la plupart des Institutrices, mérite incontestablement de figurer parmi les preuves appelées à mettre en lumière l'opportunité de notre œuvre.

CHAPITRE V

PREUVE DE L'OPPORTUNITÉ DE L'ŒUVRE, TIRÉE DES
AVANTAGES QU'ELLE OFFRE AU RECRUTEMENT DES
INSTITUTRICES, A L'ENSEIGNEMENT DES JEUNES
FILLES, ET A L'AFFRANCHISSEMENT RÉCIPROQUE
DES FAMILLES ET DES INSTITUTRICES.

Notre œuvre se propose non pas seulement
d'ouvrir une École normale, où l'on préparera de
bonnes Institutrices offrant aux familles un recrutement plein de sécurité, mais aussi d'affranchir
les familles et les Institutrices de leur dépendance
réciproque. Dans ce but on instituera, parallèle-
ment à l'École, une Communauté où les Institutrices seront réunies, dirigées et protégées.

L'opportunité de cette annexe frappera sans
doute nos lectrices, si elles veulent bien réfléchir
aux inconvénients nombreux qu'engendre, tel

qu'il est pratiqué actuellement, le système d'éducation que nous voudrions améliorer.

Actuellement, il n'y a pas d'organisation : premier désordre dont on souffre de part et d'autre. Les Institutrices sont abandonnées : deuxième désordre également préjudiciable à chacun.

Le défaut d'organisation entraîne mille embarras, d'abord au moment de la recherche d'une Institutrice. Les familles ne savent où s'adresser. Il existe bien des agences, mais l'agence commerciale n'est-elle pas trop souvent suspecte? Dans plusieurs couvents on s'occupe aussi de placer des Institutrices; mais les dignes religieuses, en le faisant, accomplissent surtout une mission de charité. La clientèle est nombreuse, ses nécessités pressantes. Comment subordonner l'intérêt de l'Institutrice à l'intérêt primordial de l'élève? Assurément on ne le peut. Les familles le sentent bien. Aussi quand elles cherchent une Institutrice, ce n'est pas aux agences et c'est le moins possible aux couvents qu'elles s'adressent. Elles ont recours à des amis, à leurs relations. La voie n'est ni régulière, ni facile, ni sûre. Le recrutement des Institutrices, soumis aux chances d'une occasion particulière, fonctionne péniblement et agit au petit bonheur. Les sujets sont rares. S'en trouve-t-il un bon quelque part, l'heureuse famille garde son trésor. Si elle n'en a plus l'emploi, elle le cède de proche en proche aux parents inscrits dès longtemps. Remarquons-le, les bonnes Institutrices n'entrent pas dans la circulation. Ce sont les mauvaises qui alimentent le mouvement général, parées d'ailleurs de toutes les qualités. Cela se conçoit. Pressées de se débarrasser, les familles montrent sur le chapitre des renseignements une rare complaisance. Les certificats qu'elles délivrent ne sont souvent que pièges et mensonges et ne séduisent pas plus que les agences commerciales ou les couvents charitables.

Des garanties toutes nouvelles seront assurées par notre Institut. Son caractère apostolique s'inspirera uniquement de l'intérêt des élèves. A ce titre la confiance des familles ne saurait être trompée et si le succès de nos idées nous permet de passer de la théorie à la pratique, le recrutement des Institutrices fonctionnera avec régularité et bonne foi : premier avantage.

En voici un second : l'ordre est introduit dans les études.

La réglementation des programmes ne favorisera pas moins, en effet, le système de l'éducation à domicile. Il y aura un programme vaste, complet : on le trouvera développé et justifié à la fin de ce volume. Fournir aux familles des programmes sciemment composés, strictement définis, essentiellement éducatifs, n'est-ce pas là un réel progrès?

Les familles n'ont plus à se préoccuper de la réglementation des études, les Institutrices échappent à l'embarras de la timidité personnelle ou de l'ignorance. L'enseignement conserve une allure régulière.

Nous espérons encore affranchir réciproquement les familles et les Institutrices de la naturelle dépendance qui les lie et qui engendre, pour les unes et pour les autres, des inconvénients sérieux.

L'isolement de l'Institutrice est total; donc, sa charge complète retombe sur la famille. C'est là un double mal. La charge complète de l'Institutrice devient à certaines heures très lourde pour la famille, et d'autre part la dépendance complète de l'Institutrice est une servitude morale qui écrase les âmes libres et délicates.

Je dis d'abord que la charge complète des Institutrices est un mal pour les familles, qui en gémissent à bon droit.

Les familles ne peuvent pas assumer la charge complète d'une Institutrice, attendu qu'alors ce qui doit être une décharge devient une surcharge.

Le but est manqué. Non seulement il y a là pour les familles une cause de grandes complications, mais, résultat plus grave, l'éducation des enfants en souffre des retards funestes et souvent irréparables. — Pourquoi les mères prennent-elles des Institutrices? Parce qu'elles ont besoin d'une aide capable de les assister, dans une tâche trop lourde pour elles seules. Si l'Institutrice, au lieu d'alléger le fardeau, vient au contraire l'appesantir, rien ne va plus. Et malheureusement cela n'arrive que trop.

Neuf fois sur dix, l'Institutrice est entièrement à la charge de sa famille sans ressources; issue de parents pauvres dont elle est elle-même le soutien, nul ne peut lui venir en aide. Supposez que la maladie survienne, voilà aussitôt une situation des plus compliquées. Nous ne parlons pas, bien entendu, des indispositions passagères, ni même de certaines maladies aiguës qui sont inévitables, rares du reste, et avec lesquelles on compte même dans les administrations. Les familles ne sont pas à l'abri de ces accidents, on ne peut les supprimer pas plus chez elles qu'ailleurs. Mais les maladies longues, interminables lorsqu'on les néglige, et malheureusement très fréquentes chez les jeunes personnes, comment les traiter quand elles s'attaquent aux Institutrices? Supposez par exemple les cas fréquents de cette terrible anémie, qui est la plaie de notre époque. Très favorisée par le surmenage, les tristesses, les préoccupations, l'anémie fait de nombreuses victimes parmi les Institutrices; elle trouve là un terrain de choix. Le mal vient petit à petit, puis il germe, il se développe librement; et comment l'enrayer, puisqu'il se traite par un remède inapplicable, le repos physique et moral? Ruinée par l'anémie, la santé devient à la longue si faible et si compromise qu'on est bientôt incapable de supporter les labeurs de l'enseignement : alors, la dépendance réciproque fait cruellement sentir ses chaînes.

Grand embarras d'une part, grande désolation de l'autre. La famille se trouve en présence non pas d'une indisposition accidentelle, mais d'un état chronique, lequel nécessite des ménagements scrupuleux. — Que faire? Comment soigner l'Institutrice et en même temps assurer l'éducation des enfants?

Supposez une maladie accidentelle d'une nature grave, une fièvre typhoïde par exemple. Supposez que la famille (humaine du reste et assez spacieusement logée pour se donner la joie intime d'une charité semblable) veuille et puisse soigner chez elle l'Institutrice souffrante. Supposez que pendant un mois, deux mois, la mère se consacre à elle et suspende l'éducation des enfants, il n'en est pas moins impossible de se charger de la convalescence. Ne faut-il pas reprendre l'éducation interrompue? La mère est forcément obligée de revenir aux enfants, de s'en occuper d'autant plus activement qu'elle est privée de coadjuteur.

Encore une fois, que faire?

Les familles, si bienfaisantes qu'elles soient, ne peuvent pas sacrifier l'éducation des enfants à la santé de l'Institutrice. La nécessité de pousser, malgré tout, l'éducation ne leur laisse qu'une seule alternative. Prendre pour les enfants une autre Institutrice bien portante et soigner la malade en l'envoyant dans une maison de santé et en supportant, bien entendu, avec les honoraires de la remplaçante, les frais de pension de la malade. C'est une manière de résoudre la difficulté; elle n'est malheureusement pas à la portée de tout le monde.

Les familles moins fortunées s'imposent souvent de vrais sacrifices déjà, en donnant une Institutrice à leurs enfants. Valide et active, elle leur rend du moins des services compensateurs. Malade, on ne peut la soigner longtemps chez soi, ni, à plus forte raison, lui adjoindre une remplaçante.

Ne faisons pas de fausse philanthropie, n'accusons pas les familles de dureté de cœur lorsqu'elles se séparent d'une Institutrice malade. Ces familles affligées se trouvent aux prises avec l'un de ces conflits de devoirs fréquents, douloureux, insolubles, que nul n'a la miraculeuse puissance de réduire et qui sont ici la résultante d'une lacune déplorable.

Notre œuvre comble cette lacune. Avec la Communauté, tout s'arrange. Là est l'asile, de là viendra la remplaçante, sans qu'il y ait interruption nuisible des études, changement de méthode et doubles frais trop onéreux. La difficulté se dénoue d'elle-même, non seulement au profit des familles, mais pour le plus grand bien des Institutrices.

Quelle est, en effet, l'histoire des Institutrices maladives? Une lamentable odyssée! — Elles passent de maison en maison, dissimulant le mal qui les dévore, car s'il est connu, plus de poste assuré. Dès que la santé leur manque, vite, avant l'aggravation de leur état, on saisit un prétexte et l'on se hâte de rompre un engagement dangereux.

Que devient alors la malheureuse Institutrice? Souvent quelques mois de repos, la décharge momentanée de tout travail et de toute préoccupation eussent enrayé le mal naissant. Mais où prendre ce repos? Où passer trois mois de congé, quand on n'a ni ressources pécuniaires, ni foyer, ni parents, ni amis?

Aussi bien, actuellement la santé des Institutrices ne peut-elle tendre qu'à décliner. Plusieurs causes de ruine physique conspirent contre elle. Comment voulez-vous, par exemple, que la santé des Institutrices résiste aux labeurs ininterrompus qui les écrasent le plus souvent? Au couvent, dans les pensionnats libres, dans les lycées, chaque année, la période des vacances ouvre aux maîtresses de même qu'aux élèves une ère de repos et de rénovation générale, qui est pour la santé une condition de bien-être nécessaire. L'Institutrice de famille ne connaît pas ce repos. Il en est qui passent plusieurs années entières, sans vacances. Où iraient-elles?

La suppression des vacances, si préjudiciable aux Institutrices, n'est pas moins fâcheuse pour les familles. L'aménité des rapports quotidiens gagnerait à ces temporaires séparations. Il y aurait, de part et d'autre, un renouvellement de satisfaction et d'entrain, très favorable à la vie commune. Mais où prendre des vacances? Où aller, quand on est seul au monde et sans asile?

La dépendance réciproque est ici encore inflexible.

Parmi les circonstances, où la décharge momentanée serait une délivrance inappréciable, citons pour finir les cas de voyage.

L'Institutrice en voyage n'est nullement utile, au contraire. Elle embarrasse et elle ajoute au budget une cote personnelle surérogatoire. Les familles seraient bien souvent heureuses de ne pas l'emmener, mais que faire d'elle?

Je me résume. L'abandon, l'isolement de toute attache extérieure crée, entre les Institutrices et les familles, une dépendance déplorable. Il faut y mettre fin. C'est ce que nous ferons, en ouvrant les portes de notre asile tutélaire. Les avantages dont on jouira alors au point de vue du recrutement, de l'enseignement et de l'affranchissement réciproque des familles et des Institutrices, démontrera par des faits éloquents l'opportunité de notre œuvre.

CHAPITRE VI

PREUVE DE L'OPPORTUNITÉ DE L'ŒUVRE, TIRÉE
DES AVANTAGES QUI RÉSULTERAIENT DE L'ÉTABLIS-
SEMENT DE BONS RAPPORTS ENTRE LES FAMILLES
ET LES INSTITUTRICES.

Nous avons l'intention de montrer ici que les
avantages moraux produits par notre œuvre sont
appelés à établir entre les familles, les Institutrices, les élèves, des rapports tout nouveaux.
Grâce à eux la bonne humeur, la bonne entente,
l'affection sincère et réciproque régneront parmi
les trois facteurs appelés à concourir ensemble à
la grande œuvre d'éducation, dont l'élève est le
sujet, cultivé par les doubles soins de la famille
et de l'Institutrice. Or, cette harmonie existe rarement. Le système de l'éducation à domicile, tel
qu'il est pratiqué et praticable aujourd'hui, ren-

contre plusieurs obstacles qui nuisent au parfait accord.

Les principaux se trouvent énoncés dans les conclusions des trois derniers chapitres, lesquels établissent que les Institutrices sont insuffisantes au triple point de vue intellectuel, moral et religieux; que les familles les tiennent dans une dépendance étroite, légitimée en quelque sorte par leur trop fréquente incapacité, et qu'enfin l'abandon presque total de la plupart des Institutrices ouvre dans leur vie une source de désolation profonde, tandis qu'il impose une charge aux familles, alors qu'au contraire celles-ci réclament une aide.

Ces trois causes influent sensiblement sur les rapports intimes des familles, des Institutrices et des élèves. On ne s'en est peut-être pas assez rendu compte, de part et d'autre. La difficulté de l'entente, unanimement reconnue, paraît acceptée. On la déclare inévitable. — Grande erreur. — Si les mauvais rapports étaient inévitables, si l'hostilité et l'antipathie devaient infailliblement diviser les familles et les Institutrices, il faudrait condamner un système aussi foncièrement vicieux. Rien de plus nuisible au succès de l'éducation que la mésintelligence des pouvoirs qui la dirigent. Dieu merci, le désaccord des pouvoirs n'est que le résultat des institutions mal réglées. Ainsi donc on harmonisera les rapports des familles et des Institutrices tout simplement en réglant le système d'éducation, qui est resté jusqu'ici absolument irrégulier et désordonné.

On admet volontiers qu'il n'y a pas de position plus fausse que celle d'Institutrice. C'est vrai dans quelques cas; ce n'est pas vrai, en principe. Comment veut-on que l'Institutrice acquière une position considérable et considérée, quand elle est médiocre d'esprit et de caractère? Le sentiment de son insuffisance la paralyse et sa gêne augmente, en raison de la suspicion qu'elle voit naître. La conscience de son infériorité devient la source de mille amertumes secrètes; elle est une occasion constante de subordination et de froissement. Voilà donc la susceptibilité en éveil, le manque d'égards provoqué. Les chocs se produisent, se renouvellent, se multiplient; la vie commune devient insupportable, l'aménité des relations presque impossible.

Quand les Institutrices auront reçu la culture éclairée qu'on se propose de leur donner, elles offriront, avec des titres sérieux, une personnalité distinguée; la confiance et le respect animeront dès lors les familles satisfaites.

Affranchie par le juste sentiment de sa valeur,

désormais sans contrainte, sans faiblesse, l'Institutrice occupera, du chef de sa supériorité, une place plus qu'honorable, et son mérite reconnu la soustraira à la dépendance fâcheuse, mais forcée, qui jusqu'ici imprimait à sa position un caractère éminemment défectible. Non seulement une détente salutaire s'opérera dans les rapports quotidiens exposés au contact permanent, mais une affection bénie unira les Institutrices et les familles; gage assuré de l'agrément de la vie commune, elle sera fertile encore en résultats heureux pour l'élève que l'hostilité des pouvoirs immolait à ses rancunes et à ses divisions.

Accuserait-on d'ailleurs nos espérances d'optimisme? Les faits nous couvrent. J'en appelle à l'indissoluble attachement qui lie toujours les familles, les élèves et l'Institutrice, quand l'heureuse exception d'une bonne Institutrice se rencontre, et il y en a, certes, de très consolantes et très belles.

Avec le secours de notre œuvre destinée à multiplier les bonnes Institutrices, les exemples de douce harmonie, d'affectueuse confiance, tendront à se généraliser et le désaccord sera de plus en plus rare.

Toutefois, si la valeur des Institutrices appelle la confiance et l'affection, elle ne suffira néanmoins ni au développement complet des bons rapports ni à leur maintien solide. D'autres conditions sont nécessaires. Après avoir mérité le droit au respect et à la bienveillance, ce qui a aussitôt établi les relations excellentes, il reste encore à prévenir les dangers de l'isolement.

Quand l'Institutrice n'a pas d'autres amis ni d'autres appuis que la famille de ses élèves, les bons rapports peuvent être menacés, car on ne peut sans de graves embarras subir une charge là où précisément on a besoin d'une décharge matérielle proprement dite; ce côté de la question a été traité. Nous parlons de la charge morale et nous disons que, grâce à notre œuvre, la charge morale des Institutrices cessera de peser sur les familles, puisqu'elle mettra fin à leur isolement.

Les familles éprouveront, de ce chef, une délivrance très favorable à la cordialité des relations et l'âme heureuse de l'Institutrice s'épanouira pleinement, le jour où elle possédera des appuis moraux intimes et personnels, en dehors de ceux que lui offrait seule autrefois la famille compatissante et généreuse, dont elle souffrait de se sentir entièrement dépendante.

Les Institutrices, après avoir puisé dans les principes de leur éducation la vraie force libératrice, trouveront encore dans l'assistance tutélaire du patronage, de la Communauté, un foyer, un centre qui, en les rattachant à la maison mère d'où elles viennent et où elles retournent, leur maintient au sein des familles une sorte de personnalité, dont l'indépendance est un bienfait tout au profit des bons rapports.

Enfin, si la position de l'Institutrice s'élève en proportion des mérites acquis et s'affranchit au moyen de l'association, elle doit aussi prendre un caractère distinctif nouveau. Nos Institutrices seront de vrais Précepteurs. Les familles devront les accepter à ce titre, avec les avantages nombreux qu'il offre, lorsque le Précepteur est une femme. En effet : assimilées au Précepteur — au Précepteur ecclésiastique, s'entend, — c'est en considérant leur rôle comme *une mission* qu'on leur donnera la dignité et l'autorité.

N'anticipons pas, du reste; les développements viendront plus loin. Nous indiquons seulement en passant ce caractère nouveau.

Je traite, en terminant, de la question des distractions. — Quelle solution a-t-elle reçue? — Aucune raisonnable et satisfaisante. L'Institutrice participe-t-elle, oui ou non, aux distractions de son entourage? — Certaines familles répondent négativement. Chez elles, l'Institutrice est une véritable recluse, confinée dans la salle d'étude. D'autres familles essayent un moyen terme; elles associent de temps en temps l'Institutrice à leurs plaisirs.

Nous n'hésitons pas à déclarer que l'ostracisme ou les complaisances des familles n'apportent ni l'un ni l'autre une solution heureuse à cette question, qui est très importante au point de vue des bons rapports. Elle est presque irréductible, avec le système tel qu'il fonctionne aujourd'hui. Étant donné ce que sont la plupart des Institutrices et ce qu'est le monde, le problème des distractions se complique et compromet l'harmonie des relations.

Toute créature humaine a besoin de se distraire. Les Institutrices ne sauraient vivre heureuses selon le régime presque cellulaire qu'on leur applique quelquefois, et d'autre part cependant, il faut le reconnaître, les familles ne sont pas en mesure de leur assurer des récréations, compatibles avec l'attitude réservée qu'elles doivent garder dans le monde. C'est pourquoi je dis : aujourd'hui la question est insoluble, mais demain notre œuvre peut la résoudre, et voici comment :

D'abord, nous développerons chez les Institutrices des goûts intellectuels qui seront la source de leurs délassements préférés; nous ouvrirons leur cœur aux grands intérêts apostoliques et nous animerons d'un souffle supérieur leurs âmes avides de vrai, de beau et de bien : ce sera un premier coup porté à l'amour des plaisirs inférieurs. En second lieu, nous les grouperons sous la surveillance d'un patronage disposé à répandre sur ses filles des trésors de tendresse chrétienne et à les entourer d'une sollicitude capable de satisfaire, en temps de mission par la correspondance, en temps de vacances par la vie intime de la Communauté, à tous les besoins de sociabilité et de distractions élevées, que la créature humaine porte en soi.

Ce ne sera pas là l'un des moindres services rendus par notre œuvre à l'aménité des relations.

Quels sont les fruits de l'isolement pour l'Institutrice qui n'a ni l'amour de la cellule, ni la confraternité religieuse, ni l'assistance de toute heure qu'on trouve au cloître? — L'amertume, la révolte, la désespérance, avec les dangers dont des excès de sensibilité menacent les faibles.

Est-il pire conseiller que l'abandon? Dans les milieux trop nombreux où règne le système de l'ostracisme, dernier mot de l'élégance, les pauvres Institutrices, victimes de la solitude, de la nature, des impulsions du cœur, jetées par le sort dans un monde où le plaisir dont elles sont exclues

fait tout l'intérêt de la vie — ou se consument
dans la désolation, ou succombent aux plus tristes
égarements.

Les complaisances ne les rendent pas plus heureuses et ne favorisent pas mieux les rapports.
Quelque bonne volonté, en effet, qu'elles y
mettent, les familles ne peuvent pas associer les
Institutrices aux distractions mondaines et il est
très fâcheux que certaines Institutrices en aient
le goût. Comment d'ailleurs ne l'auraient-elles
pas? Il n'y a que la prédilection pour les plaisirs
intellectuels et le sentiment religieux profond qui
fassent aimer la solitude, car la solitude n'est
aimable qu'à la condition d'être laborieuse et
recueillie. Dépourvues de goûts intellectuels et
de haute religion, elles ne trouvent pas de charmes
à la solitude paisible et recherchent les distractions extérieures. Il faut l'un ou l'autre, — ou le
culte joyeux du travail avec des pensées intimes,
ou les plaisirs trompeurs.

Malheur aux Institutrices qui n'aiment que le
plaisir! Celles qui poursuivent au courant du
monde un vain simulacre d'amusement, se plon-
gent dans un océan de déceptions, d'humiliations
secrètes qui les meurtrissent et qui d'autre part
affligent les familles, car celles-ci souffrent du
manque d'égards auxquels les Institutrices se

heurtent souvent et du rôle déplacé qu'elles jouent, au sein d'une société dédaigneuse.

Encore attachée aux plaisirs, peut-être en quête de mariage, l'Institutrice s'expose en outre à des tribulations de toutes sortes, elle s'engage dans une série de déboires qui compromettent sa dignité et son repos intime, en indisposant justement d'ailleurs les familles. Il y a difficulté infinie à ouvrir à l'Institutrice la porte du monde. Quelle position occupera-t-elle? Quelle part est-il possible de faire dans sa vie à l'amusement, fût-ce même sur un théâtre très restreint? Comment l'y préserver des suggestions, des tentations, des chimères? Comment la garantir des impertinences ou de la méchanceté? A-t-on la complaisance affectueuse de faire participer l'Institutrice aux simples réunions du salon, on s'aperçoit bien vite qu'elle y souffre, attendu qu'elle y occupe forcément une place secondaire, parmi des hôtes d'une heure; or, le monde est impitoyable pour les figures effacées; il s'aplatit devant les grands mais il foule aux pieds les petits. Les mères, qui mènent au bal une fille sans dot, ne le savent que trop.

Quand elles ont pour l'Institutrice la même faiblesse que pour leur fille, ce n'est ni au succès ni à la joie qu'elles mènent ces nouvelles victimes du plaisir. Mais est-il possible de priver de plaisir, qui ne vit pas dans les régions du bonheur tout fait? Assurément non. Refuser à l'Institutrice, qui les aime, une part des amusements auxquels on se livre autour d'elle éperdument, c'est exaspérer les passions humaines. Et cependant il est encore plus dangereux de l'entraîner dans la mêlée, où elle sera frappée sans pouvoir se défendre.

L'ostracisme et les complaisances sont également funestes. D'une part des difficultés, des contrariétés, des résistances, des rancunes; d'autre part des déceptions, des amertumes, des dangers. Le mécontentement règne, dans les deux camps; les bons rapports sont à jamais perdus.

Notre fondation assurera aux Institutrices le précieux trésor d'une âme joyeuse en elle-même; elle déchargera les familles du soin bienveillant de les amuser.

Détachées de la terre, éclairées sur le monde, indifférentes aux faux plaisirs, si nos Institutrices-précepteurs savent encore plaire et se plaire elles-mêmes dans les salons où elles viendraient à être admises, au concert, peut-être même à l'opéra, partout en un mot où la jouissance intellectuelle et artistique peut idéaliser furtivement la vie; si, disons-nous, l'Institutrice religieuse est très capable de faire bonne figure à côté de son élève dans le monde, lorsque les circonstances lui feront un devoir d'y paraître; si son cœur et son esprit restent ouverts à toutes les satisfactions supérieures, elle n'aura du moins aucune envie de participer aux fêtes troublantes et aux futiles distractions. Elle se prêtera volontiers aux délassements élevés de son entourage dès qu'on l'y invitera, aux délassements qui enrichissent le fonds sérieux de l'esprit et favorisent les envolées de l'âme, mais elle cessera d'être à charge aux familles, car elle fuit les plaisirs inférieurs et porte en soi, dans son intelligence cultivée et dans son inspiration religieuse, le foyer des nobles et saintes jouissances, la source du vrai bonheur actif et serein, tel que Dieu le donne ici-bas à ceux qui l'aiment et le servent.

Mesurez maintenant la distance qui sépare la nouvelle Institutrice de l'ancienne. Remarquez dans le type, que nous espérons réaliser un jour, de quelle hauteur l'*apostolat* domine la *profession!*

Nous avons établi la nécessité d'améliorer les rapports des familles et des Institutrices, rapports qui sont les arbitres du succès de l'éducation; nous avons énuméré les principales causes du mal, qui procède de l'infériorité actuelle des Institutrices, de leur abandon, de leur attachement au monde, et mis en lumière la charge morale qu'elles infligent aux familles. Notre réforme propose des Institutrices toutes différentes, dont le trait caractéristique est d'être *de vrais apôtres*. A ce titre, elles occuperont le rang honorable et honoré des Précepteurs ecclésiastiques. Non seulement elles seront des personnalités distinguées, vraiment dignes de remplir la plus délicate et la plus sainte des missions, mais elles offriront la sécurité, la paix aux familles. Il n'y aura plus ni isolement ni dépendance. Elles seront groupées autour d'un foyer commun, tutélaire et libérateur, toujours prêt à les recevoir. La forme congréganiste du nouvel Institut, réuni en syndicat monastique, répondra à leur besoin de sociabilité et délivrera en même temps les familles de la surcharge matérielle et morale, naguère si lourde.

Ne sommes-nous pas en droit de conclure qu'une œuvre, qui réalisera ces incomparables avantages, est une œuvre essentiellement opportune?

DEUXIÈME PARTIE

Les principes.

— — — —

CHAPITRE I

LA TRIPLE VOCATION DE LA FEMME

Faut-il instruire les femmes?

Les discussions les plus passionnées se sont longtemps élevées autour de cette question, qui a divisé l'opinion publique en deux camps : d'une part, les défenseurs de l'instruction des femmes; de l'autre, ses adversaires acharnés.

Les partisans de l'instruction ont mis au service de leur thèse une série d'arguments dont l'étude, éditée et rééditée, a suggéré des répliques très vives, semées à leur tour de considérants nombreux et tout à fait intransigeants. De longs débats ont occupé les imprimeurs. Il en est sorti un roulement d'opinions que le pour et le contre, souvent manié du reste par d'assez tristes avocats, s'est renvoyé de siècle en siècle sous forme de lieux communs légendaires et usés. On les chercherait en vain ici : nous n'en reproduirons aucun.

Ce n'est pas à notre époque d'émancipation intellectuelle et de rêves égalitaires qu'il convient de poser, en thèse ouverte et débattue, la question de l'instruction des femmes. Elle est tranchée par l'affirmative, dans les esprits et dans les faits. La démocratie française proclame, à son de trompe et en faveur des deux sexes, le droit au savoir. Déjà, passant de la théorie à la pratique, dans l'enseignement primaire, les programmes de filles et de garçons, que distinguent à peine quelques légères diversités, tendent à unifier la portée des études parmi les classes populaires. La voie est ouverte, la marche s'accentue de jour en jour, et la lutte pour la vie, de plus en plus rude, pousse la femme jusque sur la route de carrières que l'homme, naguère seul instruit, croyait exclusivement réservées à l'exploitation masculine.

On ne discute plus sérieusement aujourd'hui l'instruction de la femme, parce qu'elle est extrinsèquement justifiée et légalement acceptée.

Cependant parti d'en bas, le mouvement actuel rencontre *en haut* des résistances encore assez tenaces. Dans certaines familles chrétiénnes tacitement ou bruyamment hostiles, les réfractaires opposent au mouvement général une inertie rétrograde, qui maintient l'ignorance chez des jeunes filles appartenant aux classes supérieures de la société.

Il faut oser reconnaître ces tendances — dont nous dirons plus loin les vraies causes — et les combattre sans retard.

Amie déclarée de l'instruction des femmes, notre conviction personnelle repose sur un argument unique, qui engage précisément les classes élevées, c'est-à-dire cultivées. Nous affirmons au nom d'une expérience assidue et prolongée — vingt-cinq ans d'exercice actif — qu'en matière d'*éducation* l'instruction est un facteur nécessaire, inéluctable, sans le secours duquel il n'y a pas de succès possible. Dès lors, admettre pour les femmes l'éducation — et les sauvages seuls s'y refusent, — c'est du même coup légitimer l'instruction, attendu que le succès de l'une dépend de la force de l'autre.

La culture intellectuelle féminine tire de là sa justification intrinsèque et il est raisonnable d'ajouter que plus l'éducation s'affine, plus l'instruction doit s'étendre et se perfectionner.

C'est ce que nous essaierons de prouver dans

la suite de ce travail. On y verra converger vers la même conclusion les études successives de la vocation féminine, de la jouissance purifiée, des problèmes de l'innocence raffermie, de l'amour expliqué, et enfin du bonheur reconquis, par son rétablissement à la vraie place qui en est le lieu éternel.

Ce sont là des vues délicates, trop persévéramment négligées ou superficiellement traitées par des méthodes générales, conventionnelles et vagues. Mais ces différentes perspectives, amenées sous nos yeux par l'orientation actuelle des esprits, ne sauraient échapper plus longtemps à la vigilance éveillée. Si étrangères qu'elles paraissent aux thèmes ordinaires, dont s'occupe l'éducation des femmes, elles sont appelées à provoquer désormais la religieuse attention des Institutrices chrétiennes, car celles-ci, insuffisantes au point de vue intellectuel, moral et religieux, le seraient encore davantage si on se refusait à résoudre les questions majeures dont la solution positive leur est, à elles du moins, indispensable.

Établissons tout d'abord la pierre fondamentale du nouvel édifice, à savoir que la réforme nécessaire de l'éducation des jeunes filles, dans nos rangs, n'est réalisable que par le moyen d'une instruction développée. Ne confondons pas d'ailleurs les termes. L'érudition stérile n'est rien, remarquons-le : bien qu'on ait cru de nos jours qu'elle serait tout. Seuls, les résultats de l'instruction deviennent importants dès que, fidèle à son véritable but, celle-ci tend essentiellement à être *éducatrice*.

J'applique en premier lieu ma thèse à l'examen des rapports qui existent entre l'instruction et la vocation de la femme. Je la justifie par une preuve sympathique et décisive, tirée des avantages que l'instruction assure à la vigueur physique ainsi qu'à la force morale, et j'indique dans la culture intellectuelle une garantie contre la prééminence des sens, lesquels ne sont que trop disposés à attaquer de plus en plus l'énergie morale, le caractère et la santé des femmes. Nous essayerons de prouver que, sans culture intellectuelle, la femme ne réalise pas la plénitude de sa haute destinée et que, dans les milieux aisés et libres qui nous occupent, elle ne peut se passer d'instruction dans son commerce avec Dieu, qu'elle aime d'un amour insuffisant et fragile lorsque sa religion, exclusivement sentimentale, ne repose pas sur les fortes assises d'une croyance scientifiquement étudiée; — ni dans le mariage, qu'elle ne saurait diriger vers ses fins suprêmes, sans agir avec le concours d'une intelligence embellie et exercée; — ni dans la maternité, qu'elle trahit quand l'éducation a négligé l'élément rationnel, c'est-à-dire scientifique, qui motive les leçons redoutées.

Mais pourquoi le savoir sérieux, bien orienté et bien utilisé, tarde-t-il à prendre la place qui lui revient dans l'éducation souvent incomplète des jeunes filles chrétiennes? Parce qu'il y a chez nous une tendance à la réaction et à l'illusion, également fâcheuses l'une et l'autre. La réaction se nourrit des abus actuels de l'érudition, faillissant aux résultats éducatifs promis; l'illusion découle d'une erreur relative à la vraie nature féminine et très fréquente chez les bons esprits. Aussi bien, malgré l'élan officiel donné par l'Université à l'instruction de la femme, il ne faudrait pas regarder la cause comme définitivement gagnée. En effet, si l'enseignement pseudo-érudit de la femme, dépourvu de hautes conclusions philosophiques ainsi que de fortes croyances religieuses, prévalait en France, la réaction s'accentuerait en se généralisant. Désabusés par une expérience néfaste, nous reviendrions bientôt en masse et pour longtemps à l'ignorance, aujourd'hui si médiocrement combattue. Les détestables effets du système universitaire substituant l'instruction à l'éducation, dont l'instruction n'est qu'une branche — on s'en est bien aperçu — produiront un revirement fatal, à moins que les chrétiens ne répondent à l'instruction anti-philosophique, anti-religieuse et conséquemment *anti-éducative*, par une contre-partie magistrale et triomphante.

C'est ce que nous voudrions faire, en cherchant à prendre l'offensive pour restaurer dans nos rangs le culte des hautes études littéraires, philosophiques et religieuses, qui sont des forces éducatrices de premier ordre.

D'autre part, une tendance commune à maints parents exonérerait volontiers la femme de toute inclination sensuelle. Belle, mais dangereuse illusion, surtout à notre époque naturaliste !

Dieu merci, généralement les mœurs des femmes valent mieux que celles des hommes. Il y a encore cependant trop de femmes en qui la volupté — osons le dire — exerce des ravages divers mais également funestes et redoutables, jusque dans les hautes sphères dites chrétiennes, où les égarements du cœur ainsi que les atteintes du névrosisme font de nos jours tant de victimes.

Eh ! bien, je le demande, l'éducation n'a-t-elle pas ici sa juste part de responsabilité lorsque, aveuglée sur la nature des femmes, au lieu de balancer le sentiment par le contrepoids intellectuel qui règle l'équilibre, elle néglige au contraire les forces de l'esprit, ne s'appuie que sur le cœur et prédispose ainsi la jeune femme à tous les entraînements sensibles?

Examinons d'ailleurs et la vocation de la femme, et la valeur de notre thèse.

La vocation de la femme se subdivise en trois chefs distincts : vocation par rapport à Dieu, par rapport au mariage, par rapport à la maternité. Cette division accusée, la dialectique est fort simple. — Je vais prendre ces trois termes un à un et prouver que l'instruction est un moyen puissant et indispensable pour développer les femmes en vue de leur triple vocation; je démontrerai qu'aucune d'elles ne peut atteindre un épanouissement complet, si l'on ne fonde l'éducation générale sur une instruction étendue et solide.

La nécessité de l'instruction comme facteur éducatif ressortira de notre triple examen, attendu que l'harmonie des œuvres divines doit être indéfectible, aussi bien chez la femme que chez toutes les autres créatures.

Ainsi, puisque Dieu a créé la femme pour Lui, pour le mariage et pour la maternité, il faudra que la préparation particulière nécessaire à chacune de ces différentes missions se trouve basée sur l'emploi des mêmes moyens.

C'est ce qui a lieu : une concordance générale se dégagera de nos conclusions partielles, et s'appliquera même à la virginité, considérée comme la synthèse sublime de nos trois vocations.

I

Voici tout d'abord la femme, en présence de Dieu. Je la regarde et je dis : est-il possible de faire une femme solidement religieuse, sans cultiver son intelligence? L'irréflexion et la légèreté répondent hardiment : il n'y a rien de plus facile, la piété suffit à tout. Seuls, quelques esprits sérieux parmi les mères de famille et les maîtresses de la jeunesse, renseignées tour à tour par le succès ou l'insuccès, reconnaissent l'importance capitale de l'instruction féminine au point de vue religieux. Mais le groupe des mères et des maîtresses chrétiennes, ralliées à la cause que nous défendons, est extrêmement restreint, et c'est précisément, dans les cercles dits religieux, qu'avec un incroyable aveuglement on cherche parfois à battre en brèche la culture intellectuelle des femmes.

La piété, dit-on, suffit à tout. La religion prime la science et les femmes chrétiennes n'ont pas besoin de tant de profane savoir. — Soit. — Pourquoi alors parmi les jeunes filles pieusement élevées y en a-t-il un si grand nombre, qui abandonnent le soin de leur âme et le service de Dieu, au premier réveil de la nature ou au premier contact du monde? Pourquoi ces oublis capables d'effacer chez certaines femmes, pieusement élevées, jusqu'aux derniers vestiges d'une éducation chrétienne? Pourquoi telle jeune fille qui fut au couvent un modèle d'édification, en remontrerait-elle dans le monde, sur le terrain de l'immoralité, à l'impiété la plus convaincue? Pourquoi telle autre qui, sous l'égide maternelle, faisait l'admiration générale lorsqu'on la voyait si assidue aux offices et comme abîmée dans une prosternation angélique, s'affole-t-elle aujourd'hui dans un délire de plaisirs? — Sans doute, on a raison de dire, finalement, que la piété suffit à tout; seulement on a tort de croire que la piété ne se nourrit que de sentiment. C'est là une erreur grossière et funeste, cause principale des lamentables avortements de tant d'éducations soi-disant chrétiennes. La piété, pour être solide, doit étendre à la fois ses racines dans le cœur et dans l'intelligence. — Que les mères s'en souviennent, elles auront moins de déboires !

Du *sentimentalisme* au sensualisme, il n'y a qu'un pas. Qui en douterait, en voyant combien le sensualisme le plus effréné succède souvent, chez la jeune femme, au sentimentalisme religieux de la jeune fille, quand celui-ci caractérise sa prétendue piété? Dépourvue de toute base rationnelle, la piété purement sensible n'est qu'une espèce de mysticisme imaginatif et enfantin, par lequel le cœur prélude aux mouvements désordonnés de l'avenir. Viennent les tentations, elles emportent d'un coup ce pauvre cœur sans défense; car les tentations du cœur, séduisantes comme l'ange de la tendresse et perfides comme l'égoïsme sous les traits de l'amour, trouvent dans le sentimentalisme religieux quelquefois un allié plutôt qu'un adversaire.

Par une aberration qui n'est pas rare, quoique incompréhensible chez des personnes expérimentées, il y a beaucoup de mères que la religiosité de l'enfant trompe. Elles prennent, pour de la piété, ce qui n'est que le goût des accessoires religieux. Elles ne voient pas que l'enfant s'attache exclusivement à la partie sensible du culte : danger réel qu'on favorise, tandis qu'il faudrait le combattre. Les petites filles, dites pieuses, — peut-être bien le sont-elles, momentanément — endorment d'ordinaire la vigilance maternelle. Aussi qu'arrive-t-il? Vers quinze ans, quelquefois plus tôt, la religiosité tourne au romanesque; puis du romanesque, tout d'abord rêveur, on passe au roman positif. Il y a bien près, de l'un à l'autre. La fausse piété couvre alors le sensualisme peu à peu grandissant. Faute de liberté, le sensualisme des jeunes filles, secret et bridé jusqu'au jour du mariage, vit sous l'œil tranquille des mères de soupirs étouffés et d'ardeurs équivoques. Les parfums de l'encens, les murmures de l'orgue, le demi-jour des chapelles, cachent et attisent les feux intérieurs qui préparent des incendies terribles quand, à l'air libre, le souffle du monde fera jaillir la flamme. C'est alors que des catastrophes rapides déconcertent mères et maîtresses.

Pourquoi ces chutes? Pourquoi ces ruines morales? Pourquoi cet effondrement religieux, inexplicable et désolant?

Pourquoi...? Parce qu'il est rigoureusement nécessaire, même en religion, de fortifier le cœur par l'intelligence, lorsqu'on prétend former une piété sincère, profonde et inébranlable. Ainsi quand les mères et les maîtresses les plus religieuses négligent ce principe, elles manquent cruellement leur but; leurs filles, pieuses en apparence dans les jeunes années, oublient vite et le dogme et la morale.

Pauvres mères! Quel spectacle, pour vous, que le salon de votre fille! Quelle douleur, quand vos yeux parcourent le livre ouvert sur la table élégante, et quelle amère ironie si vous comparez ce salon à la chambre virginale qui était si récemment encore un sanctuaire, consacré au divin Enfant, à Marie, à Joseph, aux Saints préférés!

Chères Institutrices, Dieu vous sera indulgent là-haut, car les intentions les plus louables ont animé vos cœurs, mais sur cette terre où l'amertume accompagne la défaite, si vous sentez les atteintes du regret, comprenez la leçon et souvenez-vous que, sans instruction, il n'y a pas de piété sincère, profonde et inébranlable. Le cœur est, en effet, l'agent principal de la piété, mais il n'en est pas l'agent unique. Privé du contrepoids intellectuel, le sentiment manque de lest. L'alliance du cœur et de l'esprit est nécessaire à l'équilibre moral, à la religion, à la piété.

Qu'est-ce d'ailleurs que la piété? Sentiment affectueux de sa dépendance vis-à-vis de son Créateur, c'est l'offrande primordiale et suprême de la créature totale à Dieu. D'où il suit qu'on ne peut rien abstraire du don de soi-même et que, par conséquent, on n'a pas le droit de présenter à son souverain Seigneur, avec un cœur purifié, une intelligence volontairement négligée ou inculte.

Aussi bien, on ne peut tomber dans l'erreur à cet égard sans que la vérité se venge, et les défaites religieuses si fréquentes dont nous gémissons ne sont pas autre chose que les revanches de la vérité dédaignée.

C'est une nécessité, pour la femme, de connaître les preuves sommaires, mais lumineuses, de l'existence de Dieu, de l'immortalité de l'âme, de la divinité de Jésus-Christ, de l'authenticité des Écritures, de l'institution de l'Église, de l'infaillibilité surnaturelle du Pape et enfin des principaux dogmes fondamentaux de notre foi. Sans cette connaissance raisonnée du *pourquoi* de sa piété, la jeune fille voit un jour sa religion crouler aisément, sous le souffle d'une objection imprévue ou d'une lecture dangereuse. Les magnifiques travaux de Bossuet, Lacordaire, Joseph de Maistre, Auguste Nicolas, Bougaud, Monsabré, Frémont, d'Hulst et Didiot, pour ne citer qu'un choix dont on trouvera la liste détaillée au tableau de nos programmes — sont le complément indispensable du catéchisme. Les directrices d'une éducation soignée seraient impardonnables, si elles 'négligeaient en religion le concours des grandes lectures doctrinales qui font la gloire, l'honneur et la force de l'Église.

En conséquence, je conclus et je dis : la culture intellectuelle est un moyen inéluctable en matière d'éducation, dès qu'on veut conduire la femme à sa fin religieuse, c'est-à-dire à l'épanouissement de sa vocation par rapport à Dieu.

Voyons maintenant quelle est l'importance de la culture intellectuelle, par rapport à la vocation conjugale de la femme.

II

Qu'est-ce que le mariage chrétien, ou du moins qu'est-ce que l'épouse apporte à l'époux dans le mariage?

Elle lui apporte la société tutélaire et charmante de sa vie. Mais qu'est-ce que la société de deux êtres, unis par les liens du mariage? C'est le commerce intime de deux vies fusionnées, où s'exerce l'échange réciproque des richesses personnelles. La diversité et la correspondance respectives des forces individuelles font l'objet de l'échange, lequel n'existerait pas si la correspondance ne répondait pas à la diversité. Mais la correspondance répond à la diversité, car si Dieu n'a pas doué l'homme et la femme de forces égales, il les a du moins doués de forces corrélatives destinées à se rencontrer et à s'harmoniser en se complétant, chacune étant par elle-même insuffisante. Voilà pourquoi Dieu a donné à la femme, principalement, les richesses du cœur et à l'homme, principalement, celles de l'intelligence. Mais s'il a donné principalement, il n'a pas donné exclusivement. L'exclusion eût annihilé l'échange; aussi a-t-il mis chez l'homme avec la pensée le sentiment, et chez la femme avec le sentiment la pensée. Illustres compatriotes, nés tous deux au jardin d'Eden, l'homme et la femme ont tous deux reçu, quoique à doses mesurées et inégales, les facultés correspondantes qui les rendent communicables. La pensée, plus forte chez l'homme, brille néanmoins sur le front de la femme, et l'amour, plus dominateur chez la femme, réchauffe cependant la poitrine de l'homme. Si l'homme n'était qu'une tête sans cœur et la femme un cœur sans tête, où serait le point de jonction qui doit les unir l'un à l'autre moralement, et comment s'établirait entre eux la société morale, voulue du Créateur?

Eh bien! les choses étant ce qu'elles sont, l'éducation doit préparer la femme à la société morale que le mari attend d'elle, et on ne saurait atteindre ce but si l'on néglige d'assurer une des bases essentielles de la concordance conjugale : l'instruction.

La société morale de l'homme et de la femme est très rare dans le mariage, à cause de la fausse éducation qui forme la jeunesse, et la jeunesse des deux sexes, car les hommes sont comme les femmes très incomplètement élevés.

Partie d'un principe essentiellement faux, l'éducation provoque d'ordinaire chez les femmes le développement exclusif du cœur et chez l'homme le développement trop prépondérant de l'intelligence. Or, prenons-y garde; de ce que les forces intellectuelles masculines se prêtent plus que les leurs aux grands travaux de l'esprit, il ne s'ensuit pas que les femmes doivent céder mollement à leur faiblesse naturelle. La hiérarchie des forces dose le travail particulier de chacun, mais elle ne le supprime pour personne. Ce n'est malheureusement pas ainsi que l'ont entendu les éducateurs. A voir la manière dont on a élevé jusqu'ici les femmes, il semblerait au contraire que la hiérarchie des forces morales, au lieu de les convier les unes et les autres au complet épanouissement, en réglant leur activité particulière sur leurs moyens respectifs, ne doit solliciter que l'emploi des forces supérieures et livrer à l'atrophie les forces subordonnées.

L'esprit public, longtemps égaré, tend encore volontiers à ne développer chez l'homme que la pensée à l'exclusion du sentiment, car il est avéré que — règle générale — l'homme prime par l'intelligence, mais non pas par le cœur. Rien d'ailleurs de plus logique. En effet, l'ancienne théorie qui prêche à la femme le maintien de l'ignorance, en s'appuyant sur l'infériorité de ses facultés intellectuelles comparées à celles de l'homme, doit réprouver chez l'homme la culture du cœur, attendu que si l'homme possède la supériorité dans l'ordre de la pensée, c'est à la femme qu'elle revient dans l'ordre du sentiment. N'est-ce pas là ce qui a eu lieu? — On n'en convient pas ouvertement, cela va sans dire. Les fausses théories ont peu de goût pour les formules nettes, peu de souci de l'équité. Mais, en fait, tandis que nos filles sont trop facilement frustrées de la vie intellectuelle, le dépérissement de la culture morale chez nos fils, tout adonnés à la science, accuse dans la pratique générale de l'éducation une double tendance également fâcheuse.

C'est, du reste, par les femmes qu'il faut commencer la réforme : à bonne mère bonne fille et bon fils. — Préparons donc la femme, élevons-la en vue du rôle qu'elle doit remplir dans le mariage, développons ses facultés intellectuelles puisqu'elles doivent favoriser la société morale que Dieu veut entre les époux, comme un frein mis à l'empire des sens, qui sont, hélas! trop souvent les seuls artisans de l'union conjugale.

De puissants intérêts sont ici en jeu. Si la société conjugale atteignait ses fins morales supérieures, quels avantages pour la famille! Le bonheur des époux épuré, émancipé, agrandi, voguerait à pleines voiles sur l'océan de la vie tranquille et pacifiée. Respecté des tempêtes, c'est-à-dire affranchi des passions orageuses, le mariage se heurterait moins souvent aux écueils qui le brisent, et de faciles législateurs n'auraient plus besoin de recourir aux complaisances décevantes de lois, qui sont peu faites d'ailleurs pour assurer l'âge d'or aux foyers domestiques.

Un prêtre illustre, le P. Gratry, trop légèrement qualifié d'idéologue parce qu'une imagination, aux ailes d'ange, découvrait à son âme des horizons inexplorés, mais non pas inexplorables, a entrevu et indiqué le parti immense que le

Christianisme pourrait tirer de la société intellectuelle et morale des sexes. Sa thèse très hardie et magnifiquement justifiée par l'histoire des Saints aborde, dans de virginales hauteurs, des cimes glorieuses vers lesquelles notre sujet ne nous porte pas. Mais appliquée au mariage elle offre sans contredit un moyen très efficace d'accroître le bonheur conjugal et de réduire, dans la mesure du possible, les difficultés matrimoniales, presque irréductibles sans cela.

Supposez, en effet, la rencontre de deux jeunes gens supérieurs et supérieurement développés, c'est-à-dire un homme en qui la vie cérébrale n'aurait pas desséché le cœur et une femme en qui la pensée vivrait avec le sentiment. Supposez qu'ils se marient. Les fruits de bonheur les plus doux, les plus abondants, les plus durables sont assurés à leur union, parce qu'elle s'établit au profit de la société intime, qui règne trop rarement dans le mariage et sans laquelle le mariage dégénère en un état véritablement compliqué et tout investi de difficultés sans issue. Michelet l'a bien compris dans ses livres, *la Femme*, *l'Amour*, *Nos fils*; mais Michelet n'a pas fourni la vraie solution du problème, parce qu'il se trompait sur nos forces d'esprit et de cœur, en niant la chute originelle. Or, la chute originelle a fait au mariage une blessure inguérissable en détruisant l'équilibre primitif qui soumettait, dans la nature humaine, la sensation au sentiment, le sentiment à l'idée, l'idée à la vérité, c'est-à-dire à Dieu et à sa loi. Comment donc ne pas voir que l'épanouissement de la société morale des époux apporterait à cette blessure, destinée d'ailleurs à saigner toujours, un baume nécessaire, un calmant divinement précieux ?

La monogamie chrétienne, honnête et respectée, peut-elle exister sincèrement sans l'intervention active des cœurs et des esprits ? On ne peut nier que dans les milieux mondains, plus accessibles aux troubles qui nous occupent, le mariage soit un état très complexe.

Considéré au point de vue corporel, n'est-il pas vrai, en effet, que la nature associe, dans le mariage, des êtres doués de forces physiques très inégales ? N'est-il pas vrai que la force de l'homme, aux prises avec la faiblesse de la femme, crée de redoutables situations ? N'est-il pas vrai que le souci de la race, par exemple, c'est-à-dire de la bonne constitution des enfants que la mère doit porter neuf mois et nourrir un an, amène dans le mariage chrétien des problèmes intimes auxquels on pense peu quand on se marie, mais auxquels il faut, bon gré, mal gré, penser beaucoup, quand on est marié? N'est-il pas vrai que la production d'une postérité vigoureuse, dans la monogamie chrétienne, est une épreuve dont les générations ne sortent pas toujours triomphantes, ou d'autres termes saines et robustes? — Comment donc ne pas voir que la prédominance des rapports intellectuels serait, à titre de contre-poids, un bienfait immense?

On s'écrierait, d'ailleurs, à tort que l'égoïsme de la femme suscite le problème. Non. On ne vient pas alléguer que les services corporels du mariage sont écrasants pour la femme. On ne prêche pas ici la grève, encore moins l'insurrection. C'est le Christianisme qui parle, s'efforçant seulement d'élever la nature humaine au-dessus de la tyrannie habituelle des sens. Il se pourrait bien qu'un jour, en effet, l'humanité consternée assistât à la grève des femmes, car si l'impiété régnante parvenait à vider le cœur de toute foi : l'irréligion, plus abominable encore dans ces monstres nouveaux, mettra peut-être au nombre des surprises à venir l'effrayant spectacle de la femme sans Dieu, se refusant aux devoirs conjugaux et à la maternité. Cela peut arriver, mais ce qui ne peut pas arriver, c'est que la morale chrétienne pervertisse les femmes. Soyons à cet égard sans inquiétude.

Aussi bien, nous n'effleurons que légèrement

un thème épineux entre tous. Ce que l'on dit ici n'est que pour dégager une simple conséquence, en indiquant l'importance capitale de ce menaçant problème et l'une des faces de sa solution. L'éducation de la femme a sa part, dans la réduction de ces délicates et complexes difficultés.

Je ne parle pas, non plus, des ménagements plus ou moins dus à l'épouse, car, soit dit à l'honneur de la foi, il n'y a pas une femme vraiment chrétienne qui reculât devant la mort, si le sacrifice de sa vie devait sauver les intérêts de la race. Malheureusement, ne meurt pas qui veut, et ce n'est pas la mort qui d'ordinaire couronne la lente immolation des femmes épuisées. A demi écrasées, résistantes encore et longtemps parfois, non seulement elles ne meurent pas, mais elles donnent la vie, à moins que l'intégrité conjugale dégagée des sens ne soit susceptible d'élever temporairement les époux jusqu'aux régions spirituelles, qui sont pour eux des oasis bénies. S'ils les fuient, l'enfant naît dans la dégénérescence maternelle, dès que le dépérissement a empoisonné, sans les tarir, les sources de la fécondité. Que serait-ce si, des considérations physiques, je passais aux considérations morales? On sait trop que le rachitisme est le père du vice. Le corps de l'enfant renferme une âme; donc il a double droit à un corps sain. L'enfantement chétif est un mal social, que les mères préviendraient au prix de leur sang, si elles le pouvaient.

Eh bien! elles le peuvent dans une certaine mesure; elles ont un moyen non pas de réduire l'irréductible, mais d'apporter un élément de plus à la solution du problème redoutable qui pèse sur l'institution divine du mariage. La culture intellectuelle de la femme peut rendre à la postérité un service réel, car elle contribuera à maintenir l'équilibre des rapports conjugaux, en enrayant l'accaparement des sens. — Je m'explique rapidement.

L'union conjugale comprend trois sortes de rapports : ceux du cœur, ceux de l'esprit, ceux du corps.

Ils seront étudiés d'assez près au chapitre qui traitera de l'amour, car la connaissance de ses vrais principes forme une partie essentielle de l'éducation. On n'insiste donc pas ici; on observera seulement que le mariage réalise rarement le jeu harmonique des triples rapports, qui constituent l'union complète; et l'on remarquera — c'est ce qui intéresse notre thèse — que les rapports intellectuels offrent presque toujours une lacune, provenant de l'insuffisance de la culture intellectuelle, chez les femmes. On demande donc en faveur des jeunes filles une instruction plus large. Des programmes nouveaux révéleront en leur place quel est le genre d'instruction, par le moyen duquel on essayera d'augmenter les attraits élevés du mariage, en utilisant l'esprit des femmes, orné désormais d'un charme supérieur et noblement maître des sens.

Une objection surgit ici : nous n'en contesterons ni l'exactitude ni la force. Toutefois, il est facile de l'expliquer et sa rapide analyse, d'ailleurs nécessaire, nous fournit à point un argument qu'il importe de relever.

L'homme, dit-on, est souvent hostile à la culture intellectuelle des femmes. Vous en avez la preuve dans les mobiles qui décident le choix de sa compagne; car, on est obligé de le reconnaître, en général il ne recherche pas en mariage mais écarte plutôt, au contraire, les jeunes filles instruites, réservant à l'ignorance ses sympathies franchement avouées.

L'observation est très juste; je l'ai faite aussi bien que mon interlocuteur, et maintes fois. Mais cette antipathie pratique, cette aversion même si l'on veut, ne procède pas d'une hostilité réfléchie. Elle accuse seulement un blâme mérité et appelle une réforme nécessaire.

Qu'il appartienne au groupe des esprits supérieurs ou seulement aux rangs subalternes, l'homme, sincèrement interrogé, se montre favorable à l'instruction de la femme pourvu qu'elle soit sensée. Il la combat parce qu'elle est trop généralement mal comprise — il a mille fois raison — ou parce que lui-même s'abuse sur le sens des mots, car, au fond il le sent bien, nul n'est plus que lui intéressé à la culture féminine.

Aussi longtemps que l'homme aimera la femme, — et comment ne pas espérer l'honneur d'un éternel amour? — à son insu, en dépit de certaines attaques très superficielles, il sera le premier défenseur de l'instruction des femmes, puisqu'il est un être intelligent et veut s'unir à son semblable. Préférer la simplicité de l'ignorance aux sottes prétentions du pédantisme n'est pas haïr l'instruction; c'est tenir en antipathie, dans leurs détestables résultats, les faux systèmes et les mauvais programmes. Renouvelons les uns et les autres, préparons de nouvelles Institutrices et par elles de nouvelles femmes.

Le parti des hommes est avec nous, car nous agissons dès lors selon les vrais intérêts de l'homme, de la famille, de la société. L'homme est hostile à l'érudition pseudo-scientifique de la femme. Il est sympathique à la culture éducative. Qu'on exa-

mine les théories courantes : chez ceux-là mêmes
qui englobent dans leur réprobation l'enseignement des femmes quel qu'il soit, il n'est pas rare
de voir afficher en même temps, non sans
naïveté d'ailleurs, les ambitions les plus incompatibles avec l'ignorance. Aveu précieux qui
implique l'adhésion morale de nos prétendus
détracteurs et promet leur appui à nos réformes.

En attendant, c'est le verbiage qui clabaude;
la légèreté et l'inconséquence qui pontifient. On
attribue au sexe faible un privilège vraiment
étrange. Ne dirait-on pas que la femme porte en
elle une sorte de germe inné, dont l'éclosion
magique assure, sans culture, les avantages de
l'éducation la plus soignée? Selon l'école des
réfractaires, il est inutile d'instruire la femme,
mais on compte bien mettre à contribution son
intelligence inculte, spontanément épanouie. On
veut des femmes d'intérieur, toutes à la direction
de leur maison, aux soins de leurs enfants, à
l'amour de leur mari; des femmes agréables,
aimables, aimantes, de ces femmes en un mot qui
font la prospérité de la famille et qui sont les
trésors du foyer domestique. « La bonté, la force,
la simplicité, le charme, voilà, s'écrient les partisans de l'ignorance, le grec et le latin des femmes.
La santé, la grâce et la tendresse, voilà leur rhéto-

rique et leurs diplômes; qu'elles nous donnent de beaux enfants, qu'elles élèvent des hommes forts, qu'elles restent des épouses bonnes, fidèles!... » on ne demande que cela, mais par exemple on l'exige. On veut des femmes qui embellissent et rafraîchissent la route, parfois si desséchée de la vie; qui épanchent sur les lassitudes de l'époux, comme un baume, la rosée d'une âme toujours jeune, riche, bienfaisante; qui apaisent ses tristesses, reposent son esprit et consolent son cœur. Avec de telles femmes le bonheur est assuré, n'eussent-elles jamais connu ni les livres ni l'encre. L'homme est heureux et il chérit en elles l'ignorance adorable, qui laisse à la nature inculte sa primitive beauté et à la femme son charme natif.

O sophisme! ô illusion!

Les adversaires de l'instruction des femmes triompheraient vite avec de tels discours, si le bon sens outragé laissait passer l'erreur sans courir sus. Mais prenons-y garde, toute discussion sérieuse porte en scène la logique, et la logique est un personnage tranchant.

La seule formule des exigences masculines, le seul énoncé de ce que les hommes attendent d'une épouse et d'une mère, en répudiant d'ailleurs toute préparation intellectuelle, proclame avec éloquence la nécessité, pour des femmes, telles que les hommes les désirent, non pas seulement d'une culture restreinte, mais d'une culture très étendue et très développée. Qui oserait, en effet, attendre d'une femme les capacités pratiques, les fortes vertus, les charmes délicats du cœur et de l'esprit, si ces supériorités et ces agréments n'ont pas été semés, cultivés et mûris ?

Malentendus éclaircis, fautes réparées, les ennemis d'hier passeront demain de l'attaque à la défense, car il est impossible que des esprits sérieux s'égarent longtemps dans le paradoxe. On ne peut pas s'obstiner à couronner le système et la pratique du *rien apprendre* par le résultat du *tout savoir*. Or, telle serait la secrète maxime de ceux qui demanderaient des épouses et des mères, aussi parfaites que parfaitement incultes et ignorantes.

L'antipathie marquée des hommes envers les femmes, dites instruites, n'accuse donc pas une hostilité formelle contre l'instruction, puisque dans la pratique on en réclame tous les bénéfices; elle indique seulement la nécessité de réformer l'éducation générale des jeunes filles, en l'orientant vers un but noblement élevé et pratique. C'est ce que nous voulons faire : la chose est comprise.

On aurait tort cependant d'attribuer à la réforme de l'éducation des femmes une vertu curative, susceptible de convertir définitivement en une sympathie générale et aimable, l'antipathie constatée chez certains hommes. Ce serait méconnaître la nature humaine et l'action toujours agissante des causes indestructibles, qui entretiennent ici-bas l'éternelle inimitié de la chair et de l'esprit. A côté des hommes plus ou moins favorables selon le temps, le parti des réfractaires plus ou moins nombreux et bruyants sera toujours représenté. La culture intellectuelle des femmes, même passée dans les mœurs, n'enthousiasmera jamais qu'une élite, car elle sert directement le spiritualisme conjugal, tendance austère et combattue par ceux qui voudraient s'assurer dans le mariage un refuge où le sensualisme inexpugnable s'abriterait paisiblement. Dans ces conditions, favorisera-t-on véritablement le mariage en donnant aux femmes une éducation supérieure, mais fâcheusement suspectée?

Je réponds sans détour : la culture intellectuelle considérée comme un moyen de perfectionnement spiritualiste est l'agent même du progrès moral; or, comme il est impossible de discuter la valeur du progrès, et du progrès moral moins que tout autre, il devient du même coup impossible de sacrifier l'enseignement des femmes, sous prétexte qu'il porte ombrage au sensualisme conjugal. Et que fait donc la civilisation, depuis les origines les plus lointaines, sinon de gravir pas à pas les échelons abrupts qui, peu à peu, portent l'humanité vers des niveaux sans cesse surélevés? L'effort est douloureux; il rencontre des résistances, coûte des larmes, du sang. Qui oserait le regretter? Qui voudrait tarir désormais ces effusions régénératrices? Où en serions-nous aujourd'hui, si nous n'avions pas employé toutes nos forces vives au combat de la civilisation contre la sauvagerie féroce de l'homme primitif, c'est-à-dire déchu? Où retomberions-nous demain, si nous abandonnions la bataille? Ne nous faisons pas l'injure, chères maîtresses, de discuter un seul instant la convenance du progrès moral. Accordons que la faiblesse humaine a droit à d'inépuisables compassions ainsi qu'à de sages ménagements, mais que ce ne soit pas pour déserter le rang ou capituler.

L'émancipation intellectuelle des femmes — remarquez-le d'ailleurs — est engagée dans la voie progressiste. Elle y rencontre des obstacles, mais l'allure acquise les franchit, et quels que soient les cahots et les écarts du mouvement, il est peu probable qu'il s'arrête. Il appartient donc à l'éducation chrétienne d'en prendre la tête, pour le régler avec autorité et le conduire avec prudence ; car, je le répète, il est maître de l'avenir. On en est vite convaincu, si peu qu'on suive l'action des deux courants — courant social et courant individuel — qui tour à tour favorisent ou entravent l'émancipation intellectuelle de la femme, et qu'on interroge l'histoire pour lui demander quelle est celle des deux forces qui, dans le conflit séculaire de leur immortelle rivalité, remporte la victoire décisive.

La psychologie individuelle et la psychologie sociale sont, en effet, les agents d'un phénomène scientifique très caractérisé et très curieux à noter, dans le mouvement évolutionniste de la civilisation chrétienne. Nous voyons ces deux forces engendrer deux courants distincts, lesquels inclinent l'un dans un sens, l'autre dans un autre, jusqu'à ce que l'égoïsme individuel — d'ailleurs contre-balancé par les dévouements de l'élite et finalement vaincu par l'intérêt de la collectivité — accepte les institutions sociales, dès lors fondées. Or, de ce que leur jeu, si persévéramment contradictoire dans le passé, a néanmoins vu naître des progrès sociaux toujours croissants, sauf à prévoir la destruction de l'ordre social, nous sommes autorisés à espérer dans l'avenir la même marche ascendante. Et comme c'est la société qui pousse à l'émancipation intellectuelle des femmes, tandis que c'est l'individu qui résiste, il est à propos de décider du triomphe final au profit de la société contre l'individu. Les leçons de l'histoire sont là pour nous instruire. Ce sont elles qui nous montrent le courant social, en route vers le progrès, décrivant peu à peu son cercle, quelles que soient les tempêtes soulevées contre lui par les colères de l'individu. J'en citerai un seul exemple : l'établissement et le maintien de la monogamie. N'est-il pas un témoignage indéniable de la suprématie exercée, chez les peuples civilisés, par l'action de la psychologie sociale dominant la psychologie individuelle? La psychologie sociale — si je peux m'exprimer ainsi, pour désigner l'âme collective des peuples, — restée chrétienne pendant quatorze siècles, a providentiellement conduit jusqu'à nous la morale, évoluant vers ses fins supérieures voulues de Dieu et peu à peu réalisées, malgré les entraves suscitées par la psychologie individuelle. Ni la volupté charnelle ni l'orgueil de l'esprit, luttant pour l'erreur et le vice, n'ont jusqu'ici réussi à prévaloir contre certains progrès lentement acquis, mais désormais indestructibles. Parmi ceux-ci, la monogamie est un des plus remarquables. Elle s'est implantée dans les nations barbares christianisées, de même qu'elle se maintient — phénomène non moins extraordinaire — dans les sociétés modernes déchristianisées. La sauvagerie de nos pères pas plus que le rationalisme contemporain, pourtant si contraire au respect de la monogamie, n'ont pu résister, sur ce point fondamental, à l'action moralisatrice des lois providentielles.

Si donc la monogamie a triomphé dans le passé et règne encore dans le présent malgré les oppositions individuelles, qui furent vives et prolongées, l'instruction de la femme triomphera aussi, car elle en est le corollaire nécessaire. Ne craignons pas l'hostilité partielle des hommes, basons notre confiance sur la primauté reconnue de la psychologie sociale, et croyons que l'émancipation intellectuelle de la femme est en passe de pénétrer tout à fait dans les mœurs et de s'y établir, peu à peu, aussi solidement que la monogamie. En conséquence, l'éducation chrétienne ne doit pas s'inféoder aux individualités retardataires. Elle doit, tout au contraire, marcher avec la force progressiste qui dirige le mouvement.

Aussi bien, les sociétés parvenues à l'ère démocratique, ont tellement besoin de vertu et notamment de tempérance, que ses institutions elles-mêmes doivent s'élever moralement, de jour en jour. C'est pourquoi, à la monogamie chrétienne admise et conservée, s'ajoute l'instruction des femmes destinée à la spiritualiser encore et de là vient que nous assistons aujourd'hui à l'étonnant spectacle d'un peuple, sans Dieu et sans idéal, édictant les lois que la Providence appelle à marquer un nouveau progrès dans les voies du spiritualisme. Par un phénomène bien curieux — contradiction bizarre des idées et des faits — on dirait vraiment qu'une sorte de déterminisme fatal arrache au pouvoir les créations scolaires, favorables à l'enseignement féminin, dont les promoteurs n'auraient, semble-t-il, ni le libre arbitre absolu ni la pleine conscience, puisque leurs actes sont en opposition avec la philosophie matérialiste qu'ils professent. Qu'est-ce à dire sinon que, poussés par cette force des choses qui n'est autre que la main cachée de Dieu, les législateurs naturalistes eux-mêmes, en agissant dans les sociétés, exécutent parfois les volontés surnaturelles qu'ils nient en les subissant?

Disons-le en terminant : tous les efforts de l'éducation doivent tendre à régénérer la psychologie individuelle, en vue de la psychologie sociale, dont elle forme la substance. En effet, suprême remarque, ce sont les grandes personnalités qui font les grandes sociétés, et dans la longue lutte de la psychologie individuelle, tandis que l'une entretenait les combats séculaires par la résistance de nos bas penchants, il ne faudrait pas oublier qu'elle fournissait en même temps à l'autre, en la personne des Saints, les pierres taillées de son magnifique édifice. C'est l'éducation chrétienne, qui est donc appelée à préparer une nouvelle ascension des peuples, par l'influence active de sa haute morale.

Ainsi notre conclusion se formule d'elle-même. Je termine la seconde partie de cette étude comme la première : je proclame la nécessité de la culture intellectuelle, dès que l'éducation prétend favoriser la vocation de la femme, par rapport au mariage.

III

L'indication sommaire des agréments et des avantages qu'offrirait à la famille la culture intellectuelle de l'épouse, agréments et avantages dont les principaux se résument en un bienfait immense au profit de l'homme et de sa postérité, amène tout naturellement ce qui nous reste à dire. Cette partie relative à la vocation maternelle de la femme se trouve, en effet, étroitement unie avec la précédente, relative à sa vocation conjugale.

Considérons tout d'abord les aperçus qui se dégagent du côté des intérêts utilitaires; quoique essentiellement secondaires, ils ont leur valeur. L'ignorance de la mère porte un grave préjudice à l'éducation des enfants, l'échec des fils résulte trop souvent de l'incapacité maternelle, et enfin la bonne direction maternelle devient chaque jour plus nécessaire, puisque nous traversons une époque où le *struggle for life* engloutit la vie des pères de famille débordés et laisse l'enfant à demi orphelin.

Absorbé par sa carrière, le père ne peut lui-même surveiller les premières études des garçons. Malheur à ceux qui prônent l'ignorance, tout illuminés qu'ils sont par les étranges promesses de leur foi dans les fortes capacités de la femme inculte ! Sans parler des filles, dont l'éducation tout entière appartient à la mère, c'est la mère qui organisera le premier enseignement des fils, et dans ce soin difficile il ne suffira pas de confier la direction des études aux maîtres les meilleurs et les mieux choisis; il faudra les surveiller. Jusqu'à l'âge où le collège s'empare des garçons, pendant même qu'ils y fréquentent les basses classes, le père trop souvent ne s'inquiétera de rien. La mère seule stimulera les efforts des maîtres et suivra les progrès des enfants. — Qu'arrivera-t-il, si la femme en est incapable? Ici encore les intransigeants ennemis de l'instruction féminine rééditent leurs pitoyables contradictions. Ils abhorrent le savoir, ils prétendent faire de leurs filles des modèles de délicieuse ignorance comme leur mère, et puis, — retour logique — on les voit octroyer à la mère la surveillance complète des enfants. C'est elle qui dirige les fils, futurs polytechniciens, jusqu'à l'âge de treize ou quatorze ans. Or, qui ne le sait, les jeunes années sont assez précieuses, pour que de leur bon ou mauvais emploi dépende l'accès des hautes écoles, ouvertes ou fermées selon qu'on a fait vite et bien, ou mal et tardivement les classes primaires. L'heure des échecs venue, le père éclairé n'accuse que trop la négligence dont ses fils sont les victimes. Il reconnaît à ses dépens que la compétence maternelle, en matière d'éducation, même élémentaire, n'est pas le fruit assuré de l'ignorance systématique.

Étudié au point de vue multiple de l'éducation de l'enfant, fils ou fille, le rôle de la mère embrasse un cercle de jour en jour grandissant, et c'est une loi nouvelle qui soulève en faveur de l'instruction de la femme, des arguments manifestes qu'il serait aisé de multiplier. Cependant, outre qu'il est superflu de revenir sur ce qui a été dit et puéril d'enfoncer des portes ouvertes, comme il y a ici au-dessus des intérêts utilitaires de l'éducation de l'enfant une considération d'une importance suprême, nous nous y arrêterons exclusivement.

Je parlerai surtout de la santé, ramenant à un résultat physiologique de premier ordre, en faveur de la vocation maternelle, l'emploi de la culture intellectuelle féminine.

La mère, en effet, si elle est incapable de diriger avec discernement l'éducation, peut à la rigueur s'adjoindre des aides, et c'est ce qu'on oppose aux arguments utilitaires entrevus. Mais s'il s'agit de suppléante, pour l'enfantement : il n'y en a pas. Voilà pourquoi la santé des mères est un objectif qu'on ne doit jamais perdre de vue et voilà pourquoi je prétends que la culture est indispensable à la mère, car il est certain qu'elle contribue à l'équilibre physique beaucoup plus qu'on ne le pense, à condition, bien entendu, que les dangers du surmenage seront évités. Ils peuvent, ils doivent l'être. De ce que les erreurs universitaires donnent dans un écueil, ne tombons pas dans un autre. Ne substituons pas le vide absolu à l'entassement excessif.

Tenons pour certain que l'ignorance, chez beaucoup de femmes, est aussi pernicieuse à la santé que l'assaut meurtrier des diplômes, car le *névrosisme*, notre terrible ennemi, résulte aussi bien du désœuvrement que du surmenage. Sur dix femmes nerveuses, dans les milieux chrétiens qui nous occupent, on en trouve neuf que le vide intellectuel a déséquilibrées et précipitées dans le gouffre du plaisir et de la sensation. Sans aucun doute, l'instruction favorise le bon état de notre organisme, l'harmonie normale de notre être agissant, en contre-balançant les forces du cœur par celles de l'esprit. Il est donc juste de faire observer que la culture intellectuelle, large et approfondie, est encore utile parce qu'elle peut seule servir de facteur à l'enseignement des vérités naturelles, qui touchent à la matière et dont la connaissance s'impose.

« Défions-nous, messieurs, disait monseigneur d'Hulst à Notre-Dame, défions-nous des faux sages qui, pour épurer la religion, l'isolent de tout contact avec la matière. Ils se croient raffinés : ils ne sont qu'ignorants ou superbes, ce qui est tout un. Ils ne savent pas que le corps ne peut être pour l'âme qu'un serviteur ou qu'un tyran, jamais un étranger. »

Parole savante et particulièrement remarquable. Le conseil de l'éminent conférencier, mis en action par des maîtres habiles, deviendrait l'un des principes régénérateurs de la jeunesse française, si l'éducation chrétienne savait le suivre. Parti de si haut, il a déjà retenti profondément, nous n'en doutons pas, au sein de l'élite intellectuelle qui entoure la chaire de Notre-Dame. Il nous reste comme un abri tutélaire, sous la protection duquel nous attaquons le mépris de l'ordre naturel, souvent manifesté au détriment des jeunes filles catholiques. Cause trop certaine de la fréquente stérilité de l'éducation religieuse, l'oubli de l'ordre naturel n'a si longtemps régné dans nos programmes que par suite des bornes volontairement étroites, dans lesquelles ils se renferment.

La culture des sentiments a trop primé la culture de l'intelligence. On s'imagine vaincre les passions en enseignant exclusivement les vérités surnaturelles, sans tenir aucun compte de celles qui se rattachent à l'ordre naturel; celui-ci, qu'on le veuille ou non, s'impose inévitablement. Égarés par un aveuglement déplorable, nous faisons, en sens inverse, exactement ce que nous reprochons à la libre pensée incrédule : tandis que l'enseignement, dit neutre, ne veut pas admettre les vérités surnaturelles; l'enseignement religieux, par réaction, supprimerait volontiers les phénomènes naturels délicats qu'il feint d'ignorer, nie ou condamne. Fatale erreur, car l'ordre naturel méconnu a des revanches implacables; erreur inévitable, car les maîtresses ne disposent pas d'un cadre assez vaste, pour amener à leur heure les thèmes nécessaires à l'enseignement rationnel des connaissances naturelles. Celles-ci ne pourront jamais faire l'objet d'un cours distinct; — je ne voudrais pas de cours complet de physiologie pour les jeunes filles. Il faut demander à des études générales l'occasion de l'enseignement naturel rationnel qui doit accompagner l'enseignement surnaturel de la foi, et qui ne peut se faire que par voie d'incidence, à travers les mille sujets fournis par de belles lectures.

C'est ici le lieu d'expliquer qu'il est radicalement impossible de faire accepter aux jeunes personnes les préceptes sanitaires, reconnus de premier ordre, sans aborder franchement et simplement l'enseignement des vérités, qui relèvent de l'ordre naturel. Parler à nos filles de la maternité qui les attend et les invite aux vertus saintes et glorieuses, est le seul moyen de vaincre en elles les révoltes d'un âge insouciant et réfractaire aux soins.

Après avoir légitimé les préceptes sanitaires, on obtiendra tout ce qu'on voudra d'une conscience de jeune fille chrétienne. Avec cette haute orientation on découvrira les devoirs maternels dans leur aspect héroïque, si apte à toucher le cœur dévoué de la femme. Ensuite, de l'idéal revenant au réel, et en affirmant la nécessité préalable de fortifier le corps, les prémices supérieures de l'enseignement auront déjà triomphé des révoltes intimes, inévitables lorsqu'on n'aura pas vaincu chez les jeunes filles cette antipathie des sujétions corporelles qui, par une anomalie bizarre, est en hostilité constante avec leur mission future.

Le corps a ses vertus; pourquoi ne pas les enseigner?

Puisque l'obligation d'assurer aux jeunes filles une bonne santé est universellement proclamée; puisqu'il est positif, d'une part, que si elles se dérobent on ne peut rien, et d'autre part qu'elles se dérobent presque toujours parce qu'on leur cache les vrais motifs de nos exigences, il faut absolument leur laisser entrevoir les lois sévères de la maternité. Or ces lois appartiennent à l'ordre naturel; il faut donc l'explorer discrètement.

Soit, dit-on. La théorie est acceptable. Mais, en pratique, les choses se compliquent. Si des généralités vagues on passe aux détails, il faut spécifier ce que l'on veut apprendre aux jeunes filles. — Que dira-t-on, comment le dira-t-on?

Voici : les femmes offrent journellement, pendant leurs mois de grossesse, le spectacle avant-coureur de leur future maternité. Pourquoi ne pas admettre ce phénomène au même titre que tant d'autres, comme une chose ordinaire et naturelle? Pourquoi ces sous-entendus provocateurs, ces équivoques maladroites? Ils sont cent fois plus inconvenants que la franche acceptation d'un fait, trop visible d'ailleurs pour qu'il soit possible de le cacher. Au fur et à mesure que l'attention éveillée amène les questions dans l'esprit ou sur les lèvres de l'enfant, il faut des réponses, discrètes sans doute, mesurées, mais jamais de mensonge. On ne demande pas une communication intempestive; on demande l'usage habile des circonstances sincèrement utilisées. Les lectures, les événements de l'histoire, ceux de la vie quotidienne offrent mille thèmes favorables à notre plan. — Serrons-le de plus près, si vous voulez, précisons encore.

L'autorité effective des préceptes sanitaires exige que les jeunes filles sachent de bonne heure : que la santé des enfants dépend en grande partie de la santé de la mère ; qu'une mère délicate perd le droit de nourrir ses enfants ; que la maternité est une épreuve physique dont les douleurs redoutables peuvent être réduites ou augmentées par la pratique de la bonne ou de la mauvaise hygiène. Cette triple connaissance constitue la base solide et nécessaire, sans laquelle il est impossible d'établir la théorie raisonnée de l'hygiène pour la femme.

On enseignera l'hygiène de bonne heure, et de bonne heure il faudra se faire écouter. L'hygiène préparatoire à la maternité ne commence pas le jour du mariage ; elle commence au berceau. Tout d'abord imposée dans la période de l'enfance, période de passivité et de soumission, à l'âge de raison elle doit devenir rationnelle ; c'est alors qu'on doit substituer au commandement pur et simple le conseil motivé. La jeunesse, de nos jours surtout, se prête mal à une direction arbitraire. Il ne s'agit pas d'imiter les théoriciens de profession, qui, sans souci de ses sympathies, lui fabriquent des systèmes stériles. Si on ne donne pas les raisons tangibles qui légitiment le précepte, il ne sera jamais accepté. Mais d'autre part, puisque l'enseignement des vérités naturelles doit pénétrer dans l'éducation, une condition s'impose.

Il devient nécessaire de rectifier préalablement, chez les maîtresses chrétiennes, les notions relatives aux vérités de l'ordre naturel. Ni le célibat des Institutrices, ni le saint habit des religieuses ne sauraient les dispenser des connaissances utiles à leur mission. — Est-ce que le prêtre ne les acquiert pas? Est-ce que l'enseignement n'est pas un sacerdoce, en quelque sorte, omniscient?

Les principes des maîtresses chrétiennes sur le mariage et sur la maternité ne sont pas toujours justes. Il circule parmi elles des idées erronées et malheureusement très répandues dans un certain monde religieux, professionnellement enclin à mépriser la divine institution du mariage. La virginité, si belle, si supérieure, car elle procède de l'esprit de pénitence, de sacrifice et de dévouement, gâte, hélas! quelquefois sa transcendante beauté, par une sorte d'orgueil de caste contempteur du mariage. Or, le mépris de la virginité à l'égard du mariage, quand il existe chez les Institutrices, produit en éducation des résultats détestables. Celles-ci, non contentes de regarder le mariage comme un état secondaire — et il l'est sans doute, puisque c'est pour l'amour de soi qu'on se marie, tandis que c'est pour l'amour de Dieu que volontairement on ne se marie pas, — celles-ci, dis-je, vont même jusqu'à considérer le mariage comme un état de déchéance. Les détracteurs du mariage oublient qu'il est un sacrement, mais, pris eux-mêmes dans leurs propres filets, ils se déjugent par les honneurs qu'ils se plaisent à rendre à la maternité, car ils exaltent la maternité après avoir décrié le mariage, comme si la maternité et le mariage n'étaient pas dans des rapports d'effet à cause et, dès lors, glorieusement inséparables et divinement unis! Soyons plus logiques; honorons hautement la virginité, mais honorons aussi le mariage, et, si nous nous donnons pour des éducatrices, ne reculons pas devant l'enseignement des vérités naturelles faites pour guider les femmes dans le mariage, état complexe et tout hérissé d'écueils.

Chose incroyable, du reste, ce ne sont pas seulement les religieuses et les Institutrices qui font du silence un système, mais la plupart des mères. Par une aberration incompréhensible, l'expérience des peines et des difficultés physiques et morales attachées à la condition des femmes, au lieu d'inviter les mères à armer leurs filles, au moyen d'un sage enseignement, les excite presque toujours à prolonger le règne des illusions funestes.

Qu'arrive-t-il? Au lendemain du mariage, dès la première grossesse, un grand nombre de malheureuses jeunes femmes, précoces victimes de l'imprévoyance et de l'aveuglement qui faussent et rétrécissent nos systèmes d'éducation, sont irrémédiablement atteintes dans leur santé. Leur exemple démontre à quel point l'enseignement de l'hygiène rationnelle était nécessaire. Les conseils platoniques se brisent infailliblement contre l'insouciance des jeunes filles, contre la paresse, la coquetterie ou l'idéalisme.

Essayez donc de faire agir la jeune fille indolente, obtenez de la coquette une taille libre ou de la chère éthérée le souci du boire et du manger; obtenez tout cela, sans invoquer l'intérêt de la maternité future; je vous en défie! Employez au contraire les vrais arguments, je vous promets des résultats, non pas peut-être immédiats, non pas toujours absolument complets et généraux, mais assurés et heureux.

Chez les natures inférieures, chez les jeunes filles paresseuses et coquettes, la peur des grossesses pénibles et des mauvaises couches sera très capable de dégourdir les jambes et d'élargir les costumes. Si on n'use pas de ces arguments frappants, on est vaincu. Si au contraire on veut bien expliquer, je suppose, à l'occasion, que telle amie mariée a rencontré dans la maternité une épreuve particulièrement douloureuse, parce qu'elle avait passé sa jeunesse à se dorloter ou à exhiber une taille invraisemblable, on se fait écouter. Les fauteuils sont moins fréquentés, les robes moins étroites, et les préceptes sanitaires mieux observés.

Ainsi donc, la nécessité de la culture intellectuelle s'impose encore, dès que l'éducation désire préparer la femme au dernier terme de sa triple vocation, la vocation maternelle, attendu que l'enseignement des vérités délicates gagne beaucoup en convenance et en force, quand on le donne au moyen de leçons incidentes ; or, celles-ci ne naissent que d'une occasion, et l'occasion ne se rencontre pas dans les limites resserrées d'une instruction insuffisante.

IV

Dieu, disais-je au commencement de ce chapitre, a créé la femme pour Lui, pour le mariage et pour la maternité. Ainsi, il faut que la préparation particulière inhérente à chacune des trois vocations de la femme se trouve basée sur l'emploi des mêmes moyens. C'est ce qui a lieu. Mais si une concordance générale se dégage de nos conclusions partielles, si l'instruction paraît décidément appelée à jouer un rôle préparatoire considérable dans l'éducation de la femme sous le rapport de sa vocation chrétienne, conjugale, maternelle — et on en tombera d'accord maintenant; — néanmoins, une objection dernière fréquemment se produit. Elle vient de haut, car ce sont de saintes femmes qui la for·ulent. Pourquoi, disent-elles, ne parlez-vous pas de la virginité? Est-ce que toutes les femmes doivent infailliblement se marier? Faut-il que les maîtresses de nos filles dirigent délibérément vers le mariage, ensemble et en masse, tout le cortège de leurs élèves? Ne croyez-vous pas que la virginité veut encore fleurir dans l'Église? Oubliez-vous les droits suprêmes de Dieu?... — Assurément, non. La concordance générale, qui se dégage de nos conclusions partielles, éclaire au contraire d'une vive lumière la synthèse sublime de nos trois vocations, totalisées dans la virginité.

La virginité est une vertu voulue de Dieu, à laquelle le ciel ne renoncera jamais et dont la terre ne peut se passer. Nous en donnerons les preuves lorsque nous montrerons le célibat imposé, dans l'humanité, à un grand nombre d'existences. La virginité marque, dans l'ordre surnaturel, le but glorieux vers lequel tendent librement les cœurs magnanimes épris de l'idéal.

Mais qu'est-ce que la virginité? — État de grâce exceptionnel, la virginité n'est que la résolution en Dieu des trois termes, femme, épouse, mère, qui constituent notre être épanoui. De là, il suit que si l'éducation cultive les trois termes de la trilogie féminine d'abord au point de vue naturel, elle agit en même temps dans le sens surnaturel et ne fait qu'établir une progression légitime, après laquelle il appartient à Dieu de prononcer l'appel suprême et d'élever lui-même l'âme élue au rang glorieux que sa grâce lui destine.

L'harmonie la plus parfaite règne dans la hiérarchie du vrai. Nul antagonisme, entre l'ordre naturel et l'ordre surnaturel. Il n'y a pas opposition : il y a gradation et superposition. En passant par l'ordre naturel rien n'est plus facile que de monter à l'ordre surnaturel : on gravit l'échelle qui y conduit. C'est pourquoi l'éducation chrétienne, basée d'abord sur les assises naturelles, qui sont les premières, franchit ensuite avec les âmes de choix les degrés supérieurs et accède enfin aux régions surnaturelles, vraiment transcendantes.

N'ayez aucune crainte, femmes augustes! Ce ne sont pas nos principes qui, avec l'aide de Dieu, restreindront le chœur céleste des vierges : au contraire!

CHAPITRE II

LES GRANDES LECTURES

L'instruction, avons-nous dit, est un facteur inéluctable en matière d'éducation, attendu qu'il n'est pas possible de préparer la femme à sa triple vocation, sans recourir au développement de son intelligence. Mais puisque le savoir, d'après nous, au lieu d'être le but n'est plus que le moyen, les programmes d'enseignement, dont il faut maintenant exposer la méthode et les cadres, empruntent à notre orientation particulière un caractère nouveau : ils deviennent essentiellement *éducatifs*, poursuivent une fin toute morale et lui subordonnent l'instruction, dès lors asservie au progrès supérieur des âmes.

. Nous diviserons l'éducation des filles en deux périodes :

Première période, — l'éducation primaire et secondaire catéchistique, c'est-à-dire purement formulaire et positive.

Deuxième période, — l'éducation supérieure analytique, critique et théoriquement expérimentale, acquise au moyen des grandes lectures.

Il n'y a pas lieu de s'étendre sur l'éducation catéchistique. Elle comprend l'enseignement rudimentaire général, tel qu'il est pratiqué dans le système scolaire, avec les excellents livres auxquels l'enfance contemporaine, si favorisée sous certains rapports, doit des facilités d'étude vraiment incomparables. Les progrès de l'enseignement primaire et secondaire, lequel n'est autre que celui désigné sous le nom d'instruction catéchistique, ont été de nos jours tout ce qu'ils peuvent être. Il faut seulement les inspirer du souffle religieux qui leur manque, car il convient au Christianisme de compléter l'instruction générale catéchistique par l'enseignement des vérités religieuses. Ces vérités, malgré les bruyantes protestations des systèmes indépendants, sont la caractéristique de l'enseignement primaire, lequel est foncièrement positif de sa nature. Quelle que soit d'ailleurs son inspiration philosophique, l'école ne se passera pas longtemps des formules positives rejetées, sans que les résultats physiologiques démontrent combien il a été matériellement imprudent de porter les premiers efforts de l'intelligence sur le travail critique. La passion anti-religieuse n'y livrera pas impunément l'enfance, car les études critiques sont aussi néfastes physiquement que moralement, lorsqu'on les aborde dans un âge qui n'en saurait posséder les éléments et qui n'en comporte pas l'application fatigante.

L'enseignement catéchistique précède normalement les études critiques. Il doit s'acquérir d'une manière complète, avant la seizième année.

La seconde période aborde aussitôt l'enseignement supérieur analytique, critique, théoriquement expérimental, traité par les grandes lectures. Il fera seul le sujet de nos attentives réflexions.

Rompant ici avec l'usage, nous offrons aux mères un système, que nous avons appliqué pendant plus de vingt ans avec des résultats probants : le système des grandes lectures. Il a pour but, je ne saurais trop le redire, d'utiliser l'enseignement comme un facteur éducatif de haute portée et non pas de transformer la femme en encyclopédie. Très éloigné d'une si dérisoire ambition, on se propose de la former à la vie chrétienne, comprise selon les mœurs actuelles et considérée comme l'effort qui la conduira sans naufrage de son point de départ à son point d'arrivée, c'est-à-dire de Dieu son créateur à Dieu sa fin et son éternité.

A l'aide des grandes lectures nous élargissons le champ des expériences indirectes de la vie, soumettant pour ainsi dire les principes au *criterium* tangible des événements, étudiant l'idée dans le fait, la jugeant sur le vif à l'évidence de ses résultats. Nous cherchons à faire naître par les livres un grand nombre de circonstances favorables aux initiations délicates, dont nous avons parlé dans le précédent chapitre et sur lesquelles nous ne revenons, en passant, que pour dire encore qu'elles seront abordées sous forme d'incidentes opportunes, soudaines, fugitives, lumineuses : ceci ne peut avoir lieu que par le moyen des grandes lectures. Nous communiquons à l'esprit les charmes d'une imagination étendue et fortifiée; enfin, nous fournissons un aliment sain aux jouissances nécessaires.

En adoptant les vastes cadres de l'instruction analytique, vous aurez du reste, chères Institutrices, toute liberté d'en rétrécir le cercle et votre sagesse le proportionnera aux forces intellectuelles de vos élèves. Sans doute nous vous initierons vous-mêmes, pendant vos années de scolarité, à un ensemble complet de hautes études; sans doute nos programmes, dont vous trouverez dans ce livre le tableau raisonné, représentent un travail considérable, mais loin de nous la pensée de l'imposer à toutes vos élèves. Vous n'apprendrez à nos filles que ce que vous pourrez, selon le choix des familles, pourvu que ce choix s'exerce dans l'ordre des études historiques, littéraires, philosophiques et religieuses que nous spécifions.

Après avoir préalablement enseigné, d'une façon très complète, les matières primaires usuelles et passé dans le temps la revue des choses, des hommes, des idées; après avoir donné une somme de connaissances dont il est rigoureusement nécessaire, dans toute éducation, d'établir solidement les formules; après avoir dressé dans la mémoire et allumé de loin en loin les flambeaux destinés à guider la marche de l'esprit, ce qui est attribué à l'instruction catéchistique, — on passera aux développements analytiques qui constituent l'instruction supérieure acquise par les grandes lectures. Libre alors à chacun de choisir dans notre catalogue, selon ses préférences. Dès que l'Institutrice, pénétrée des principes essentiels, possède avec la substance intégrale de nos programmes l'art des applications saisissantes ainsi que la science des jugements équitables, — les matières étant surtout un prétexte à initiations et à conclusions, — nous accordons seulement une valeur secondaire au développement des programmes particuliers de ses élèves. L'enseignement supérieur de nos Institutrices, quelles que soient les parties choisies, sera toujours apte à former les idées pratiques même au moyen de thèmes restreints, car ceux-ci tirés de l'histoire contemporaine, des lettres, de la philosophie, de la religion, se rattacheront tous à l'actualité et fourniront toujours un ensemble très opposé à cette minutie de détail qui rapetisse, en général, les études proprement fragmentaires.

Dans les limites élastiques confiées à la discrétion des maîtresses, l'éducation sera toujours large et pratique. Elle fera toujours passer sous les yeux de la jeunesse une série de leçons, et ainsi, toujours fidèle *à son but éducatif*, elle demeurera ce grand multiplicateur d'expériences indirectes qui caractérise notre méthode et justifie nos programmes.

Compris de cette manière, l'enseignement raisonné a son heure et prend sa grande part dans l'éducation : pendant l'enfance, l'enseignement doctrinaire positif que nous avons appelé catéchistique; pendant l'adolescence et la jeunesse, l'enseignement critique gradué, fourni par les grandes lectures.

Aussi bien : ce n'est pas de nos jours, lorsque

l'usurpation établie du libre examen et de l'orgueil individuel règne partout, qu'il faut discuter l'urgence de l'enseignement critique. On ne le peut pas plus qu'on ne devrait d'autre part abandonner, comme on le fait si étourdiment, l'enseignement doctrinaire. Celui-ci, expression de l'absolu, en a l'immutabilité. Celui-là, produit de l'orientation changeante des esprits, peut bien varier d'importance selon les époques, mais il s'impose toujours plus ou moins, et il emprunte à la complexité des temps présents une valeur exceptionnelle. — Nous emploierons l'un et l'autre, chacun au moment voulu.

I

Les programmes de l'enseignement supérieur analytique, critique, tout moderne, approfondiront exclusivement l'étude du xixᵉ siècle. Seule susceptible de fournir matière à la haute éducation pratique, que nous voudrions inaugurer dans les classes élevées de la société, l'étude spécialisée du xixᵉ siècle offre, d'autre part, un avantage qu'il ne faut pas dédaigner, car il ralliera les personnes soucieuses d'épargner à leurs filles le reproche de pédantisme. Enseigner aux femmes l'histoire détaillée des événements récents, des idées courantes, assure le privilège de ne pas sou-lever le *tolle* général que provoque encore trop souvent, nous l'avons vu, l'instruction de la femme. Ses détracteurs, qui ne souffrent pas dans une bouche féminine, la citation d'un fait ou l'évocation d'un personnage illustre appartenant au passé, ne seront ni surpris ni choqués si elle parle sciemment et avec intelligence des choses actuelles. Ils ne s'apercevront pas que la femme, capable de les entretenir agréablement ou de littérature ou d'histoire, ou des questions poli-tiques, philosophiques, artistiques à l'ordre du jour, n'est ouverte à ces sujets que parce qu'elle possède un fond considérable de connaissances variées et réfléchies. Ceci flattant à propos leur prohibitive faiblesse, ils supporteront volontiers la supériorité discrète de femmes, qui seront ins-truites sans le paraître.

On peut, d'ailleurs, en compagnie des écrivains de notre siècle, parcourir toute la suite des temps, car l'histoire et la critique contemporaines explorent à pleines voiles les époques les plus reculées et abordent sur les terrains les plus divers. En outre, la connaissance du xix° siècle tel que nous devons le montrer, c'est-à-dire clarifié au creuset des principes, facilitera le triage des idées modernes, hélas! fort mélangées. Comme ce sont les femmes qui dirigent la conversation en famille ou dans le cercle plus étendu des salons, si elles jugent sainement les idées et les actes qui occupent l'esprit public, elles pourront çà et là rectifier au passage les sophismes trop répandus et confondre aimablement l'erreur arrogante, habituée à trancher sans réplique à tort et à travers.

Enfin le xix⁰ siècle est une mine inépuisable, où l'intelligence peut indéfiniment alimenter son foyer. Comment serait-il permis à ceux qui vivent à une époque aussi féconde que la nôtre de s'attarder à glaner dans les champs du passé, en dédaignant les riches moissons que l'activité contemporaine amoncelle autour de nous? Or, on ne peut pas tout apprendre; il faut opter, surtout lorsqu'on proscrit le surmenage intellectuel, et nous en sommes l'intransigeant ennemi. Le dessein de parcourir le xix⁰ siècle et les immenses horizons que ses œuvres nous découvrent écarte l'étude exclusive du passé. Nous entendons bien, d'ailleurs, que l'instruction catéchistique, étendue aux programmes primaire et secondaire, aura consacré pour les élèves une année à l'étude du xvii⁰ siècle dont nos Institutrices posséderont la connaissance approfondie. Dans la période de l'enseignement supérieur, les superbes et récents travaux de plusieurs écrivains, de M. Brunetière notamment, nous ramèneront par l'actualité au siècle auguste, qui vit le règne ici-bas de la raison réglée et de la foi souveraine illuminée par le génie.

Le XIX⁰ siècle, j'en conviens, est une encyclopédie purement analytique et pas encore synthétisée. Outre que nous sommes loin aujourd'hui de la grande époque où Bossuet enfermait son *Discours sur l'histoire universelle* dans un volume, Voltaire son *Siècle de Louis XIV* dans un millier de pages, Montesquieu *l'Esprit des lois* en quelques maximes serrées, nos analystes méticuleux accumulent détail sur détail, sans nul souci du lien qui, dans l'esprit d'un bon auteur, devrait toujours relier l'analyse à la synthèse. Le lien n'existe pas, car il ne saurait consister que dans les principes, centres généralisateurs que le génie contemporain a désertés. Faute de ce fil d'Ariane, le XIX⁰ siècle est un dédale. Sans doute; mais il ne faut pas oublier que ce fil d'Ariane, indispensable en effet, nous l'attachons aux doigts de nos Institutrices qui, elles, le passent à leurs élèves, puisque de l'analyse des livres qu'elles étudient, elles tirent toujours des principes et des conclusions.

La profusion des œuvres pourrait alarmer aussi, non sans motif, les familles effrayées de l'abondance des matières proposées :

« Ambitionner la connaissance du xixe siècle pour des jeunes personnes qu'on prétend d'ailleurs soustraire à un travail exagéré, est-ce donc circonscrire le champ des études facultatives? Les bibliothèques contemporaines, dira-t-on, sont des mondes; l'analyse et la critique jettent l'encre sur le papier, comme les nuages versent la pluie sur la terre; c'est un déluge de productions! Que n'aurait-on pas à lire, pour explorer seulement la partie historique du programme! Dès qu'on aborde l'histoire analytique — et le xixe siècle n'en fait pas d'autre, — dès qu'on vise à la critique rectifiée par soi-même, c'est-à-dire émanant tout à la fois d'une saine philosophie et d'une érudition sérieuse, il faut étudier à la lumière des principes acquis non seulement les bons auteurs, mais aussi, parmi les mauvais, au moins quelques-uns des plus célèbres et notamment ceux qui ont exercé sur l'opinion une influence considérable.

« En histoire, on serait obligé de parcourir Joseph de Maistre, Chateaubriand, Thiers, Guizot, Augustin Thierry, Lamartine, Vielcastel, Louis Blanc, Michelet, Ozanam, Taine, Renan, d'Haussonville, Thureau-Dangin, de la Gorce, Hanotaux, Albert Sorel, etc., etc.! Et remarquez que cette énumération très incomplète ne comprend ni les mémoires ni les études étrangères, ni les écrivains de second ordre. Nous citons seulement les historiens dont les travaux réunissent l'ensemble des renseignements de toutes couleurs, fournis à l'opinion publique, sources diverses d'où sont sortis les partis politiques qui agitent la France!... »

Rassurez-vous! On ne prétend nullement donner aux jeunes filles la connaissance totale du XIXe siècle et de ses œuvres importantes, pas même en histoire. On ne veut que puiser l'instruction supérieure aux sources ouvertes par le XIXe siècle. Chaque élève, je le répète, lira ce qu'on voudra et ce qu'elle pourra; je renvoie pour le choix aux programmes de notre Institut. — Cet impôt facultatif serait-il trop lourd?...

On se propose seulement, d'ailleurs, d'initier la jeunesse pendant la deuxième période de l'éducation, entre seize et vingt ans, à la pratique utile des grandes lectures analytiques, dès lors entrées dans les habitudes et toujours ensuite continuée avec ordre et persévérance. Commencée par les maîtres de la première moitié du siècle, l'étude raisonnée de nos écrivains célèbres formera la base des lectures futures. Elle dressera le solide piédestal, sur lequel s'élèvera peu à peu le groupe des bons auteurs contemporains. Elle sèmera profondément les germes de la haute culture intellectuelle, qu'une femme chrétienne et sérieuse doit développer fidèlement, pendant sa vie tout entière.

II

Donner aux femmes l'amour des grandes lectures, serait un immense bienfait. Non seulement il leur ôterait le goût de ces abominables romans, pain quotidien des désœuvrés « dont la marquise en son salon n'est pas moins curieuse ou plutôt moins avide que la portière dans sa loge »[1]; non seulement à la faveur de ces lectures bien dirigées les livres serviraient à glisser avec mesure et à propos, dans l'esprit des élèves, les connaissances délicates trop longtemps bannies de l'enseignement; non seulement les grandes lectures généraliseraient l'expansion des principes qui sont le fond de notre système, en déroulant sous les yeux de la jeunesse une suite de faits et d'idées passées au crible de la saine philosophie; non seulement elles augmenteraient le bagage des expériences

1. Ferdinand Brunetière, *Discours de réception à l'Académie.*

enseignantes qui doivent préluder à l'émancipation prochaine ; — mais les grandes lectures sont nécessaires encore parce qu'elles communiquent à l'esprit les charmes d'une imagination agrandie et fortifiée et parce qu'elles assurent au désir de jouissance, qui est un indestructible besoin de la nature humaine, le seul aliment susceptible d'être parfaitement assaini.

La femme chrétienne ne saurait se passer de *charme*. Eût-elle dix autres qualités, si elle ne possède pas l'art de plaire noblement, elle n'exercera jamais sur l'homme aucune influence profonde, surtout en France où le charme est si estimé que le langage usuel, dès qu'on admire une femme, l'appelle charmante avant de la nommer belle. Il faut donc que les femmes soient le charme en personne. Le désir de l'homme s'accorde d'ailleurs avec les intentions de la nature, celle-ci ayant doté la femme précisément du charme et de la grâce qu'on lui demande.

Mais le charme est inné, dira-t-on ; on ne peut ni l'acquérir ni le développer. Parfum délicieux et spontané de la femme qui en est douée, le charme s'épanche involontairement comme une vertu incommunicable et naturelle. Quand la bonne fée, au contraire, n'a pas mis le charme dans son berceau, la pauvre déshéritée filerait bien cent ans sa quenouille, sans en recevoir le don. Assurément le charme vient de l'âme, et sans âme point de charme, nul ne le conteste. Mais l'âme est une flamme qui grandit ou diminue, selon que l'éducation l'éteint ou l'avive, et le charme perd ou gagne comme toute autre qualité inculte ou cultivée.

Comment se manifeste le charme? — Par la parole principalement. On ne dit pas d'une femme qu'elle est charmante, si sa conversation sans prestige ne trahit pas l'irradiation du cœur et de la pensée. Quand la forme seule est agréable de lignes, de teint, de souplesse, d'élégance, on dit simplement d'une femme : elle est jolie. Sans doute, le charme emprunte à la beauté extérieure un cadre flatteur. Il rayonne dans le regard, il brille sur le front, il se trahit dans le geste, dans la tenue, dans la mise, et l'on ne doit négliger aucun de ces accessoires. Mais le charme, d'essence tout immatérielle, s'échappe aussi de l'âme, même quand la beauté corporelle n'en accompagne pas l'essor. La parole est son organe principal. L'éducation chrétienne doit donc cultiver, fortifier, embellir la parole et elle le peut par le moyen des grandes lectures.

Arme de combat par excellence, la parole agréable et nourrie est aussi la lyre aux doux accents.

Tour à tour, elle endort les passions de l'homme ou bien elle éclaire sa raison obscurcie. Musique céleste ou céleste lumière, quelle puissance n'a-t-elle pas sur les lèvres d'une personne aimée! Pourquoi l'éducation chrétienne négligerait-elle les moyens, qui assurent une parole charmante? Serait-ce parce qu'il n'y en a pas? Madame de Staël nous les indique : « L'érudition, dit-elle, ajoute une grande force à l'imagination. » — Développons l'imagination en nous instruisant, le charme y gagnera.

Faire du charme chrétien un art sanctifié et sanctifiant n'est pas du reste innover. C'est *rénover*. Le passé est plein de modèles magnifiques. Voyez Marcelle à Rome, Monique à Cassiacum, Léonore à Este, nos grandes dames du XVIIe siècle! Ce n'est pas non plus rompre avec le temps et les usages. La culture du sens artistique est générale de nos jours. Il y a même une certaine école qui a été jusqu'à inventer la femme *esthète*, comme s'il fallait tout dénaturer et tout corrompre pour arrêter le Christianisme sur les routes libres du Beau, en ne les réservant qu'aux excès. Mais la femme *esthète* des dilettanti ne nous fera pas reculer. Nous lui opposerons, en parallèle vainqueur, la femme chrétienne, noblement parée du vrai savoir et du vrai talent.

Retenons seulement, pour nous encourager dans la voie de la culture esthétique chrétienne, une remarque significative : observons que les plus grands adversaires de l'instruction des femmes, eux-mêmes, loin de leur disputer l'étude des beaux-arts, ne cessent de répéter au contraire que les arts d'agrément seuls leur conviennent. — Fort bien! Mais alors pourquoi aux arts du dessin et de la musique ne pas en ajouter un troisième, le premier pour les femmes et le plus important de tous, l'art de la conversation?

En peinture, en musique, remarque-t-on d'autre part, on ne réussit qu'aux moyens de dons extraordinaires, par un exercice mécanique effrayant. C'est un fait. Il est vrai que sans être Munkacsy ou Rubinstein, on a le droit de manier un crayon avec grâce ou d'interpréter avec goût une page de Chopin. Mais que d'efforts bien ingrats et quelle dépense de temps ne coûte pas le succès! Il y a folie d'ailleurs à généraliser, comme on le fait, l'étude de la peinture et de la musique, puisqu'il y faut des dispositions personnelles aussi rares qu'indispensables. Un autre art rencontrerait des aptitudes plus répandues, des amateurs bien plus nombreux, un exercice bien plus fréquent. Pourquoi le sacrifier aux précédents? Pourquoi exclure de nos programmes d'éducation l'art sacré de l'éloquence? — Reine immortelle trop longtemps détrônée, il convient de rétablir l'éloquence, à côté des royautés envahissantes du piano et de la palette. L'éloquence est un talent de premier ordre. Les femmes chrétiennes doivent l'acquérir pour s'en servir au profit du Beau, du Vrai et du Bien.

Mais comment acquérir une parole charmante? — De deux manières : par le jeu de la conversation et par les grandes lectures. De ces deux moyens qu'il ne faudrait pas séparer, le premier, facile et rapide, eut au XVIIᵉ siècle, dans les salons, une influence remarquable sur la société française. Suggestif, stimulant, il fut à la belle époque chrétienne et cultivée de notre histoire l'un des principaux facteurs de la haute éducation des femmes. Malheureusement, nous n'en disposons plus aujourd'hui. Les rapports de société ne servent pas les éducateurs, ils les desservent. Plus de salons, ni à la ville ni à la campagne. Chez les femmes du monde, créatures frivoles, ignorantes ou prétentieuses, dans les hôtels dorés et les châteaux bruyants on ne cause plus. On danse, on festoie, on chasse, on joue la comédie et de préférence la « Revue d'actualité ». On s'escrime en sports, en parades variées, en divertissements fastueux où le luxe fait rage, la mode loi, l'ennui prime. Mais dans ces assemblées de mannequins harnachés, l'art de la conversation n'a rien à gagner. La pratique des sourires et des élégantes platitudes y distingue le bon ton. L'échange des idées supérieures agréablement formulées ne jaillit plus, en cette fin de siècle, de nos esprits stériles et de nos cœurs refroidis. On ne cause plus — on ne sait plus causer !

Cependant le commerce des esprits entre eux est un besoin que les peuples civilisés n'étouffent pas en vain ; d'où il suit que loin d'accepter la déchéance des salons, il est au contraire urgent de les restaurer, à moins qu'on ne veuille bientôt vivre à Paris comme à Tombouctou.

Restaurer l'art de la conversation, c'est-à-dire ramener la société au goût des plaisirs élevés, est une œuvre pressante. Les éducatrices chrétiennes ont le devoir d'y songer et de s'en préoccuper les premières, attendu que ce sont tout d'abord les femmes qu'il faut exercer, puisque la jeunesse masculine, ensevelie dans les études préparatoires aux carrières, dévorée par les mathématiques, privée de toute espèce de loisirs, n'a pas même le temps de recevoir la plus élémentaire éducation. Et si les salons n'offrent plus de nos jours ces milieux distingués, instruits, où la conversation épanouissait naguère les charmes de l'intelligence,

si cette école n'existe plus, il est un autre moyen
de donner aux femmes la parole captivante qui
doit en faire dans ce monde les apôtres de la
vérité : ce moyen, ce sont les grandes lectures,
trésor de l'esprit et sources de l'éloquence.

III

Susceptibles d'autoriser les initiations délicates,
d'augmenter théoriquement la richesse des expériences indirectes, comme nous l'avons établi tout
d'abord ; susceptibles, en second lieu, de communiquer à l'esprit les charmes d'une imagination
étendue et fortifiée, les grandes lectures sont
encore utiles aux femmes, parce qu'elles fournissent un aliment sain aux jouissances nécessaires.

Il serait aisé de le reconnaître en comptant les
avantages que retirerait l'éducation chrétienne
fidèle aux procédés divins, si elle adoptait avec
mesure l'emploi des hautes jouissances, provo-
quées par le culte du Beau. Il faudrait voir encore
que le Beau, mis au service de la jeunesse comme
un facteur chargé de répondre à ses aspirations
intimes de jouissance, ne s'autorise librement en
éducation que sous une forme puissamment objec-

tive, laquelle semble réservée à l'éloquence philosophique, c'est-à-dire aux grandes lectures. On
remarquerait enfin que, la sagesse nous conseil-
lant de restreindre autant que possible la part
laissée dans le plaisir esthétique à l'interprétation
individuelle, on doit user avec une extrême prudence des arts particulièrement subjectifs et en
écarter l'influence, en général abusive et odieu-
sement matérialisée à notre époque, jusqu'au jour
où l'instruction dogmatique la plus solide aura
fortement armé la jeunesse, de l'épée et du bou-
clier des principes inflexibles.

Expliquons rapidement la distinction que nous
faisons entre les arts appelés ici arts objectifs et
subjectifs. Cette distinction, bien qu'on ne la
doive jamais pousser à l'extrême, se substituerait
avec avantage à l'ancienne, assez arbitrairement
formulée d'ailleurs sous la rubrique d'« arts profanes » et d' « arts sacrés », et conviendrait beaucoup mieux aux éducateurs.

On peut dire qu'à proprement parler il n'y a pas
d'arts profanes, car l'émotion esthétique, philosophiquement approfondie, a sa source dans l'idéal
infini, qui est l'essence même de l'art. Venue de
Dieu, l'émotion esthétique se terminerait toujours, si elle était fidèle à ses suprêmes lois, par
une solution finale, acte d'adoration transcendant

tout divin et par conséquent infailliblement sacré.

Il n'y a pas d'arts profanes : il y a des arts plus ou moins soumis à l'individualité de l'amateur, parce que des œuvres — qu'elles soient d'inspiration profane ou sacrée — peuvent produire un résultat contraire au résultat voulu par l'artiste. En d'autres termes, la fin sacrée de l'émotion esthétique peut s'accomplir chez l'amateur au moyen d'œuvres dites profanes, tandis que réciproquement des œuvres dites sacrées peuvent provoquer une émotion sensationnelle, très éloignée du mouvement divin auquel elles prétendaient.

L'œuvre d'art admet, par les effets produits sur l'amateur, un apport humain étranger à l'inspiration de l'artiste, et c'est cet apport humain qui — selon qu'il reste plus ou moins libre — imprime aux arts un caractère plus ou moins subjectif. Si donc il n'y a pas d'art profane, on pourrait dire que tous les arts sont plus ou moins subjectifs ou objectifs, et l'éducation aurait profit à les classer selon ce degré de subjectivité ou d'objectivité.

Mais que signifie exactement cette qualification? Qu'est-ce qui détermine la subjectivité relative des arts? C'est la propriété qu'ont leurs effets de se prêter davantage à l'influence individuelle de l'amateur, laquelle reste libre de tourner, même contre l'inspiration de l'artiste. — Qu'est-ce qui détermine leur objectivité prépondérante? C'est la vertu qu'ils ont de se soustraire davantage, dans leurs effets, à l'influence individuelle de l'amateur adhérant dès lors forcément à l'inspiration de l'artiste. Il y a sous ce rapport, entre les arts, des différences et des nuances profondes. Nierait-on que la musique, les arts plastiques et la peinture sont essentiellement subjectifs, tandis que l'éloquence et même la poésie demeurent suprêmement objectives?

La musique, les arts plastiques et la peinture expriment, dans leurs œuvres, des manifestations à double face. L'amateur est maître de les tourner à bon ou à mauvais effet.

Ni la musique avec son caractère indéfini, ni la peinture et la sculpture, malgré la précision de sujets nettement traités, n'assurent infailliblement à l'émotion esthétique sa fin divine, même quand les sujets y portent. La personnalité de l'amateur, aux causes mises en œuvre par la création de l'artiste, ajoute un contingent étranger, libre, et celui-ci imprime aux arts de la peinture et de la sculpture et surtout de la musique le caractère particulièrement subjectif qui les distingue : de telle sorte que, bien souvent, l'amateur décide du sacré ou du profane, contre la volonté du maître.

En est-il de même de la poésie et de l'éloquence? Assurément non. — Sans doute, l'harmonie du langage accompagne la parole, d'une musique qui laisse à l'éloquence et surtout à la poésie une part de subjectivité, d'ailleurs partout inaliénable ici-bas. Cependant, la poésie et l'éloquence portent dans la netteté de la parole une pensée absolument claire, et c'est pourquoi l'on doit ajouter que l'art parlé et écrit dispose plus que les autres de son résultat final, étant bien — lui, mais lui seul — décidément profane ou décidément sacré, dans ses œuvres. Ici, le vouloir de l'orateur et de l'écrivain gouverne l'interprétation ; ce n'est plus l'impression du lecteur et de l'auditeur qui en décide : elle lui est imposée.

Échappant seul aux interprétations tout à fait libres, l'art parlé ou écrit conserve un fond souverainement objectif. C'est peut-être par cela qu'il est le premier des arts, et c'est pour cela que nous demandons aux belles lectures l'aliment principal et initial de ces jouissances esthétiques si avidement désirées par la jeunesse, si difficiles à choisir, et que la haute éducation a tout intérêt à employer.

En général, les maîtresses chrétiennes ne se préoccupent pas assez de la part que l'éducation doit faire aux jouissances. Elles méconnaissent sur ce point le fond de la nature humaine, ne sachant pas établir entre leurs systèmes et nos attraits légitimes le rapport qui, s'il existait, assurerait à l'œuvre du perfectionnement moral le stimulant du beau. On oublie que révéler à la jeunesse les grandes émotions esthétiques — tant de créatures, hélas! les ignorent, — c'est lui ouvrir les sources pures des bonheurs accessibles, la détourner des mauvais plaisirs et la préserver des amertumes corruptrices, qui sont le fruit naturel de l'austérité prématurée, mal entendue et desséchante.

Tout dans l'homme aspire à jouir. On ne parviendra jamais à étouffer en lui ce besoin profond, car il est le reste d'un souvenir ineffaçable et le germe d'une immortelle espérance. Aussi les éducateurs habiles ne sont pas ceux qui poursuivent — but chimérique — l'extinction des ardeurs juvéniles, mais ceux qui cherchent à utiliser l'enthousiasme pour épanouir les âmes riches. Celles-ci, tout au moins — et ne sont-ce pas les plus attachantes? — on ne les conduira jamais au renoncement, qui est d'ailleurs le but de toute perfection chrétienne, sans les éclairer par la jouissance épurée, expliquée, comprise et sentie. Les hautes jouissances sont un miroir; il est bon de le présenter à la jeunesse, car elle y distingue dans le fini le reflet de l'infini, reflet éphémère sans doute mais rayonnant, et cet aperçu réel, saisi de bonne heure, attache à l'idéal les âmes nobles et généreuses.

Ne sait-on pas le rôle décisif que l'enthousiasme, suite de la jouissance, joue souvent dans les grandes vies ? Si les éducateurs voulaient essayer de l'exploiter religieusement, ils opéreraient des miracles !

« Il ne faut pas mettre tout l'ennui d'un côté, disait déjà Fénelon, et tout le plaisir de l'autre. » Ceci a lieu pourtant, quand on abandonne sans distinction toutes les jouissances, en réservant les peines avec les privations aux croyants : les prêtres des idoles restent alors les seuls pontifes autorisés, et les mains pures du sacerdoce n'encensent plus la vérité. Il y a dans les jouissances supérieures, chrétiennement ressenties, un hommage de la créature au Créateur. Le concert des âmes pieuses élève au ciel une note aimée, dès qu'il mêle à ses adorations la cantate du bonheur, car Dieu se plaît aux joies de l'homme, et les accents heureux — trop rares, hélas ! — quand ils vibrent saintement, ajoutent aux hymnes sacrées une harmonie très belle et très religieuse. Ils sont le prélude naturel des grandes symphonies intimes : ce n'est pas sans raison qu'en musique l'*allegro* précède l'*andante*. Ainsi dans cette partition mystérieuse qui s'appelle la vie, la Providence fait d'abord résonner les fanfares de l'allégresse et chante ensuite les sublimes douleurs. Forte du procédé divin, l'éducation chrétienne gagnerait beaucoup en résultats généreux, si elle employait la joie rayonnante contre la déception attristée.

L'épanouissement heureux peut devenir une excellente préparation au sacrifice. Jouissance et renoncement sont deux termes par lesquels l'âme doit passer, dans sa marche ascendante vers le ciel. Nous avons tout intérêt à ne pas en détruire l'ordre. L'échelle de la vertu va de la contemplation à l'action, du repos à l'effort, de la jouissance au sacrifice; c'est renverser le plan divin que de prétendre jeter l'âme adolescente aussitôt dans l'infini, sans lui laisser entrevoir le fini à son heure, car la divine Providence a permis que le fini sollicitât d'abord la jeunesse pour la conduire ensuite à l'infini, qui est notre point d'arrivée, mais qui ne saurait être notre point de départ.

Introduire, dans l'éducation, l'usage discret de la jouissance par le culte réglé du Beau, inspirateur du Bien, est une réforme dont la nécessité se trouve confirmée par de sérieux arguments. Non seulement, en effet, la connaissance savante de la nature humaine nous y invite, mais le triomphe actuel du naturalisme nous y force, et l'étude des procédés divins nous offre, dans les voies mêmes de la Providence à notre égard, un exemple décisif.

On aurait tort de l'oublier : à une époque où l'esprit de sacrifice est si outrageusement battu en brèche, où la victoire éhontée de l'individualisme qui s'idolâtre ne cherche qu'à satisfaire et à multiplier les passions de l'homme assaillies par mille provocations, les chrétiens qui croient encore garder la jeunesse, au sein d'un tel milieu, à l'aide exclusif d'ascétiques préceptes, apprendront vite par des déceptions significatives combien les temps sont plus compliqués et combien il est urgent d'approprier de nouvelles méthodes à de nouvelles mœurs. Le XIXe siècle est un arbre luxuriant, dont les rameaux touffus portent en grappes d'or les fruits mûrs des suprêmes tentations. — Arrière le jansénisme, son temps n'est plus !

Faire une part dans l'éducation chrétienne, non pas au plaisir — Dieu nous en garde ! — mais aux nobles jouissances, à l'amour du Beau provoqué précisément contre la folie du plaisir, est une manœuvre que la tactique du bien ne saurait négliger.

Il faut en éducation parler de la félicité beaucoup plus qu'on n'ose le faire, car la félicité connue est souvent la route la plus sûre et la plus courte pour amener la jeunesse au détachement généreux, sincère, effectif, qui est le terme dernier de la haute jouissance expérimentale et chrétienne, telle que nous la comprenons.

Des esprits chagrins, ignorants ou trompés, assureraient en vain d'ailleurs que le Christianisme est contraire à la jouissance. S'il l'était, les peuples ne seraient jamais tombés radieux et convaincus aux pieds du Christ. Si des yeux du cœur ils n'avaient vu briller au faîte de la croix, lueur attirante, les inénarrables béatitudes dont elle est le prix, jamais ils ne l'auraient étreinte et adorée.

La rédemption sanglante s'annonce, d'abord, aux hommes par le concert des anges. L'étoile des rois mages conduit l'humanité d'abord à Bethléem. C'est par les ravissements de la crèche, c'est en tunique royale, la myrrhe et l'encens aux mains, qu'il faut, à cet exemple, mener au Christianisme la jeunesse enthousiaste, et non pas la jeter imprudemment, révoltée peut-être, sur la terre de Gethsémani, trope dur encore à sa tendre faiblesse.

Plus tard, il est vrai, le chrétien éclairé souffrira volontairement; telle est la loi réparatrice, et c'est à sa réalisation parfaite que nous avons dessein de conduire la jeunesse, en l'attirant d'abord dans les sentiers fleuris de la joie. Il est vrai, le chrétien accepte la souffrance, il la veut même, mais c'est parce qu'il a senti dans son âme l'écho divin du divin bonheur dont elle solde le rachat; c'est parce que la souffrance est, depuis la chute, le seul chemin qui retourne au paradis perdu. Il est vrai, ni le fer des tyrans ni la dent des lions n'ont réduit, chez le chrétien, son irréductible volonté de souffrir. Entré d'un pas ferme dans les arènes sanglantes, il est monté sans défaillir sur les bûchers allumés... Mais pourquoi ce prodige? Est-ce donc que la folie humaine compterait au nombre de ses extravagances le culte exalté de la douleur? — Interrogez votre chair et répondez. — Le mobile du sacrifice réside dans l'attraction intime de la félicité, obtenue en faveur de soi-même ou d'autrui par l'acceptation volontaire de la douleur rédemptrice et non pas dans je ne sais quel goût insensé de la souffrance. C'est pour avoir vu de près le Thabor que les héros chrétiens n'ont pas fui le Golgotha. La nature et Dieu agissent, en nous, par voie séductrice. Tandis que l'univers sourit à nos jeunes années dans le printemps de l'existence, Dieu qui a fait nos âmes comme nos corps, les ayant créés pour le bonheur final, prélude aussi par des grâces aux épreuves prochaines ; de sorte qu'un double enthousiasme forme les prémices de la vie naturelle et spirituelle, nées l'une et l'autre d'un souffle heureux. La souffrance est l'envers de la jouissance. Regarder d'abord l'*endroit*, qui sera le partage de l'éternité, est encore le meilleur moyen d'accepter l'*envers*, qui est le lot du temps.

Malheureusement, certaines tendances résultant de la méconnaissance de la nature humaine, certaines craintes inspirées par le règne du dilettantisme naturaliste actuel, et plus peut-être encore l'embarras de faire un choix, sont autant de causes qui éloignent les maîtresses chrétiennes de l'emploi des jouissances, considérées comme forces moralisatrices. On le comprend. C'est peu, en effet, d'admettre l'avantage et de légitimer, en matière d'éducation, l'emploi des jouissances saines ; il faut encore spécifier celles qui sont susceptibles d'être parfaitement assainies. La chose est malaisée. Elle se simplifie toutefois, dès qu'on accepte la classification des arts, telle que nous l'avons indiquée. — Un rapide retour sur cette classification subtile et délicate ne sera pas ici superflu :

« La musique, a dit Tolstoï, est un art dan-

gereux parce qu'il ne produit pas son résultat. »
Profonde autant que lumineuse, la remarque du
grand mystique russe nous révèle la substance
même du péril moral, qui se cache dans les
plaisirs esthétiques.

Il y a un art qui ne donne pas son résultat ;
nous l'appelons subjectif, c'est la musique. Il
y en a qui le donnent à moitié, ce sont les arts
plastiques, nous les appelons subjectifs et objectifs ; objectifs à cause de la précision formelle du
sujet qu'ils traitent ; — subjectifs par le côté qui
émancipe toujours plus ou moins les interprétations individuelles (une Vénus grecque purement
admirée reste pure, si l'on veut ; une Vierge sainte
devient impure, au contraire, si on la regarde d'un
œil corrupteur). La peinture et la sculpture, arts
à la fois subjectifs et objectifs, sont aujourd'hui
doublement dangereux, non seulement puisque
du fait de leur subjectivité ils se prêtent aux dispositions généralement sensuelles de nos contemporains, mais encore puisque leur objectivité
concourt au mal d'une manière trop facile, à
notre époque de décadence.

Il y a enfin les arts particulièrement objectifs :
ce sont ceux qui se manifestent par la parole,
par les livres, par les grandes lectures, et ce
sont les seuls qui conviennent, tout d'abord, à la

jeunesse, parce que seuls ils donnent positivement leur résultat.

Peu à peu, en rétablissant dans les esprits les principes qui régissent l'esthétique, en rattachant dogmatiquement et pratiquement toutes les jouissances à leur résultat légal divin, l'éducation chrétienne verra la possibilité de déterminer les impressions produites par les arts subjectifs et indiquera les moyens d'assainir tous les arts, en purifiant par la pureté de l'interprétation l'impureté apparente du sujet. Quand on aura substitué à l'*esthétisme*, sans résultat obligatoire, qui nous gouverne, une esthétique philosophique religieuse, capable d'amener systématiquement la jouissance à son résultat nécessaire, c'est-à-dire à la délectation du beau total en Dieu, son origine et sa fin : alors, on pourra user plus librement de tous les arts, et c'est le propre de notre système éducatif que de préparer et de hâter cette évolution.

Jusque-là il ne faut pas oublier qu'on rencontre, dans les manifestations artistiques païennes de notre époque et dans les milieux païens qui les interprètent, un obstacle à l'émancipation prématurée de la jeunesse, du côté des beaux-arts. Malgré la nécessité formelle de les aborder, nécessité qui est une suite de notre civilisation et de nos mœurs, malgré les ressources qu'ils offrent comme moyen élevé d'enthousiasme sanctifiant, malgré l'écueil qu'on rencontrerait en privant absolument la jeunesse de fêtes artistiques ardemment convoitées, — aussi longtemps que les principes ne seront pas posés, les éducateurs gagneront beaucoup s'ils parviennent à développer dans les âmes le goût prédominant des arts objectifs. Les livres restent donc les seuls facteurs des jouissances franchement salutaires.

Phénomène curieux, en adoptant une classification morale des arts on est amené à regarder comme meilleurs les arts d'un caractère tout à fait objectif ou tout à fait subjectif, tandis que les arts à la fois objectifs et subjectifs paraissent les moins inoffensifs. Ce sont bien, en effet, les arts de la peinture et de la sculpture — arts à la fois subjectifs et objectifs — que le malheur des temps nous oblige surtout à tenir en suspicion, tandis qu'il est loisible d'autoriser la musique qui est un art essentiellement subjectif, et les grandes lectures, qui sont essentiellement objectives.

Si, comme le remarque Tolstoï, dans une parole d'une sagacité rare et d'une rare pénétration : « la musique est un art dangereux, parce qu'il ne donne pas son résultat », on peut compléter la pensée du célèbre philosophe en la retournant. Il est aussi vrai de dire que « la musique est un art très pur, parce qu'il ne donne pas son résultat ». Si le résultat manque, en effet, à la musique (ce qui ouvre sans doute la porte à la tentation), si la musique, sacrilège à certaines heures, asservit les hommes aux sens qu'elle excite et à la volupté qu'elle provoque, au lieu de les élever jusqu'à l'idéal divin qu'elle chante et jusqu'à l'adoration extatique dont elle est l'instrument sublime, elle demeure néanmoins toujours susceptible de produire chez d'autres auditeurs, *dans la même formule*, un résultat contraire parfaitement idéalisé et tout divin. C'est ce qui caractérise sa supériorité morale sur les arts plastiques. Chez ceux-ci, bien qu'une même œuvre se prête à des interprétations diverses, elle ne saurait cependant garder la subjectivité suprême de la musique. Dans les arts plastiques, la représentation du corps humain dévoilé apporte à l'émotion esthétique un élément matériel, qui reste toujours tentateur. Rien de pareil dans la musique. De par son caractère indéfini, prérogative remarquable, un même thème dégage tour à tour, chez les auditeurs divers, ou bien la redoutable volupté ou bien l'extase divine. Le sensualisme d'un Massenet transporte au ciel les âmes chastes, tout aussi bien que les harmonies mystiques d'un

Wagner, et cet avantage soustrait la musique à une condamnation rigoureuse.

Sommes-nous trop absolu? On en jugera par les formules théoriques qui doivent accompagner nécessairement notre classification morale, à laquelle nous ne prétendons donner qu'une valeur d'application éducative.

IV

Une question se pose : y a-t-il hostilité entre le christianisme et l'art?

Assurément non.

Théoriquement considéré, quand l'art évolue selon les lois naturelles qui lui commandent l'interprétation idéale du Beau, et quand il s'adresse à des esprits philosophiquement orientés à travers la contemplation du Beau partiel vers le Beau total, l'art, dis-je, parfait alors dans sa manifestation et dans ses effets, s'harmonise excellemment avec la religion.

Des puritains aigris essayent cependant de faire croire encore à un antagonisme théorique, entre l'art et le Christianisme. « Quel est, disent-ils, le but de l'art? — C'est de produire dans l'âme la délectation du Beau par l'émotion esthétique. Il n'y a là qu'une sensation, donc le spiritualisme chrétien la réprouve. » C'est conclure un peu vite. Charles Lévêque [1], dans un remarquable ouvrage, donne bien en effet la définition — si juste d'ailleurs — dont s'arment contre l'art ses ennemis prétendus religieux; mais elle n'autorise nullement les faux ascètes à s'en emparer pour condamner l'émotion esthétique sous prétexte que, toute sensible, elle appartient à l'ordre inférieur de la matière; car l'émotion esthétique, comme l'établit Charles Lévêque, résulte d'un jugement raisonnable et tout spirituel. Assimiler l'émotion esthétique à une jouissance exclusivement sensible serait détacher l'effet de la cause : on ne le peut.

Aussi bien, nous avons tous des sens. L'homme, l'ascète lui-même, est impuissant à supprimer la part qui revient aux sens dans la vie terrestre. — Qu'est-ce donc qui fait les vrais ascètes?... Mais précisément l'émotion esthétique empruntée et ramenée à l'Infini, c'est-à-dire produite par la jouissance du Beau total qui est Dieu. L'extase religieuse, peut-on dire, est l'émotion esthétique parfaite provoquée par la vision de Dieu et résolue

1. *La Science du Beau.*

en lui. L'ermite au désert, le chartreux dans sa cellule se nourrissent d'émotion extatique, c'est-à-dire d'émotion esthétique portée au comble de la pureté sainte. Ni l'un ni l'autre n'aurait été capable de choisir le désert ou la cellule, si la jouissance sensible de Dieu n'était venue un jour ravir son âme et la détacher du monde. Dieu agit par voie séductrice. Il s'approche, il charme, il subjugue. Quand une enfant vaincue se détourne des joies terrestres et embrasse à vingt ans la vie recluse et dure des pauvres pénitentes, brise-t-elle les liens qui l'attachent au bonheur? Elle puise sa force dans l'irrésistible attrait des séductions célestes entrevues. C'est toujours le même procédé, Dieu n'en change pas. Sans doute, il existe dans les cloîtres nombre de religieuses qui passent des années, dans la privation douloureuse de toute possession divine sensible. Ce n'est pas, je le veux bien, l'émotion esthétique sacrée, actuelle, qui soutient ces âmes pourtant fermes et résistantes, mais c'est bien le souvenir de cette jouissance, goûtée dans le passé, espérée après le sacrifice. La jouissance excellente de Dieu, c'est-à-dire l'émotion esthétique parfaite provoquée par l'aperçu fugitif de la beauté infinie et fixée dans un acte d'adoration transcendante, est seule susceptible de détourner les âmes des beautés partielles, rayons dès lors éclipsés, mais réels, et que l'on cesse seulement de voir le jour où l'œil de la foi atteint jusqu'au foyer divin qui les produit. C'est l'émotion esthétique sublime qui a fait les saint Augustin et qui les fait et fera toujours. Voilà ce qui démontre l'harmonie théorique admirable, qui unit l'art et le Christianisme. Les réserves pratiques ne sont qu'une suite de la corruption humaine; elles disparaîtront peu à peu à mesure que l'âme, portée sur l'aile des siècles, s'élèvera de jour en jour vers l'idéal libérateur, et notre système d'éducation n'a pas d'autre but que d'en hâter l'aurore émancipatrice.

V

En attendant, lorsque nous cherchons à satisfaire chez la jeune fille les premiers besoins de jouissance par les grandes lectures, nous nous inspirons encore ici d'une pensée secondaire assez importante. Il faut en effet le remarquer pour finir; dès qu'on réside ailleurs qu'à Paris, centre égoïste des fêtes artistiques, la stérilité provinciale, universelle en France, condamne l'immense majorité des citoyens à l'abstinence presque

absolue en matière de jouissances esthétiques
supérieures. Les efforts locaux, si généreux et si
actifs qu'ils soient dans nos villes principales, n'y
offrent, à part le théâtre, aucune ressource. Il n'y
a qu'un Conservatoire, qu'un Lamoureux, qu'un
Colonne, qu'un Salon, qu'un Collège de France,
qu'une Sorbonne, qu'une chaire de Notre-Dame.
Les étoiles du talent ne brillent qu'à Paris. C'est
à Paris qu'il faut vivre, et vivre dans la liberté du
loisir, si l'on veut boire à la coupe d'or des jouissances exquises et vraiment élevées. Or, tout
le monde n'habite pas Paris et peu de gens y
sont sans affaires. A côté des légions esclaves,
enchaînées au service de la capitale, il stationne
dans l'éternel crépuscule de la province une masse
nombreuse, qui ne peut entrevoir que furtivement
ce Paris, objet des unanimes convoitises. C'est
aux aspirations de cette majorité éloignée des
grandes fêtes de l'art, que par le livre — et
seulement par lui — la jouissance élevée reste
d'une pratique générale. Hôte familier des bibliothèques lointaines, consolation du penseur perdu
au delà des monts et des mers, le livre donne
seul à la jouissance intellectuelle la forme acces-
sible à tous, qui seule aussi présente à l'âme
l'aliment assaini que nous devons lui offrir.

Souvenons-nous toutefois que si les arts plastiques, envers lesquels nous montrons une prudence particulière, rencontrent chez la jeunesse inconsidérément provoquée et dans les passions de cet âge un ennemi naturel du résultat divin; que s'il faut les craindre et les aborder avec sagesse et discrétion, on ne conseille pas de les proscrire absolument. Les inconvénients d'un système prohibitif trop généralisé seraient déplorables. En ajournant les plaisirs esthétique causés par la musique et par des arts plastiques, nous avons d'ailleurs l'intention de temporiser plus ou moins selon les natures, ainsi que de préparer l'émancipation de la jeunesse, peu à peu libérée par les principes. Évitons à ce sujet toute équivoque; dussions-nous tomber dans quelques redites, répétons qu'on ne cherche pas à satisfaire par les livres tous les besoins d'idéal, mais seulement les premiers besoins. C'est toujours le même esprit : tandis que l'enseignement positif précède chez nous l'enseignement critique, de même en ce qui regarde la culture artistique et ses plaisirs, nous allons aussi de l'objectif au subjectif, sans rien bannir de nos cadres éducatifs, mais en procédant toujours avec ordre et mesure. Après avoir fortement développé, dans les âmes neuves et non encore blasées de la jeunesse, le culte, sans doute austère mais si utile des beaux livres, les grandes envolées de l'art viendront à leur heure saisir sous toutes leurs formes l'enthousiasme, dès lors maître de lui.

Chères Institutrices, apôtres chrétiens, mères bénies de la génération future, nous vous engageons donc à provoquer, chez nos filles, moins le goût énervant des émotions à double tranchant, que le goût pacificateur des grandes lectures.

La saine poésie, l'éloquence vraie, la science historique, philosophique, religieuse, ne sont-elles pas aussi les sources du Beau?

CHAPITRE III

INNOCENCE ET IGNORANCE

L'usage dresse d'ordinaire une haute muraille, entre la vie de jeune fille et la vie de jeune femme. Il sépare les deux périodes d'une seule et même existence, par une démarcation arbitraire, dont l'effet irréparable est de rompre l'unité du tout.

Au lieu de considérer la vie de jeune fille comme une période préparatoire à la vie de jeune femme, on dirait qu'on s'évertue au contraire à oublier le lendemain, pour élever la femme dans des vues systématiquement étrangères à sa destinée prochaine. Chose inouïe, la méconnaissance calculée du but de l'éducation féminine semble en honneur dans les milieux chrétiens et religieux. Il y a là souvent, chez les mères et chez les maîtresses, une erreur regrettable, suite d'un faux principe, et qui s'entretient par l'impossibilité d'en sortir, sans faire appel au concours actif de la haute culture intellectuelle, hélas! trop dédaignée.

Les parents, gouvernés par une opinion responsable de tout le mal, s'imaginent que l'innocence s'édifie sur l'ignorance des devoirs délicats et qu'elle est d'ordinaire une vertu native : — double illusion.

L'innocence n'est pas toujours, ni forcément, alliée à l'ignorance. Rappelez-vous sur ce point, chères Institutrices, les considérations exposées précédemment. Nous avons compté ensemble, il vous en souvient, le nombre, hélas! trop grand des jeunes filles supposées innocentes et pieuses, en qui l'émancipation du mariage entame l'intégrité de la morale et de la foi : vous avez constaté avec moi que le manque de culture intellectuelle est la cause principale de la dissipation entraînante, si commune aux jeunes femmes. Donc, l'ignorance n'assure pas l'innocence.

En outre, l'innocence factice, superficielle, plus voisine de la sottise que de la vertu, devient un péril plus grand encore, car si l'absence de culture intellectuelle incline le cœur à la légèreté, la fausse innocence saisie par les brusques surprises de la connaissance le trouble, l'agite et souvent l'égare.

Depuis la faute d'Ève l'innocence n'est chez la femme, — pas plus que chez l'homme, — un privilège natif et invulnérable. Elle n'est plus un état naturel. Si nous en doutions, le phénomène de la pudeur, qui ne s'explique pas sans la perte de l'innocence, apporterait à la vérité un témoignage universel. L'innocence, en tant que pureté solide et résistante (état tout surnaturel), est un bien *reconquis*. Ainsi l'éducation chrétienne, appelée à en faire une vertu, manque son but si elle confie l'œuvre délicate aux aventures de l'ignorance, car la stratégie savante et les calculs habiles des maîtresses avisées ne sont pas ici de trop grands moyens : il faut éclairer l'innocence, si on la veut incorruptible. Quand nous l'imposons par force en masquant tous les horizons, nous amenons heureusement peut-être la jeune fille jusqu'au jour du mariage, mais après qu'arrive-t-il?... On s'en lave les mains. « Après nous le déluge » : telle paraît être la devise de certaines mères et de certaines éducatrices. Voilà pourquoi la société contemporaine produit aussi quelquefois, jusque dans les meilleurs milieux chrétiens, ces créatures monstrueuses et malfaisantes qu'on nomme, avec un sot orgueil, les jeunes femmes du monde.

— Sait-on bien ce que c'est que la jeune femme du monde? C'est souvent celle à qui tout est montré et permis après avoir été caché et défendu. Triste envers de jeune fille retournée, comment la licence ne succéderait-elle pas chez elle à la contrainte? Comment la juste revanche des choses n'aboutirait-elle pas quelquefois à la catastrophe suprême de l'honneur?

On rencontre, il est vrai, et je me plais à le reconnaître, des élues qui semblent vouées dès le berceau à la pureté immaculée. Ames choisies, elles n'ont besoin ni de culture, ni de direction, ni de lumières humaines. La main du céleste jardinier les soigne et les cueille un jour, tandis que le feu du divin soleil les a épanouies. Privilégiées de la grâce, par des faveurs extraordinaires elles donnent tout, à la fois, dans le germe, et la fleur et le fruit. L'innocence, chez elles, se fixe dans la pureté victorieuse et permanente. Mais ces âmes rares ne sont qu'une insaisissable exception. Gloires de l'humanité, elles planent au-dessus de la multitude. Pareilles à d'angéliques apparitions, elles effleurent le globe du bout de l'aile et appartiennent au ciel beaucoup plus qu'à la terre. Échappant pour ainsi dire aux lois de la nature, pour elles l'action immédiate de Dieu se substitue à l'action humaine, et les augustes mystères dont elles sont l'objet, secrets inpénétrables, ne peuvent à aucun titre fournir à l'éducation générale un argument contraire aux nécessités de la masse.

Les Saintes exceptées, il est malheureusement trop visible que l'innocence, en tant que force naturelle native invulnérable, n'existe pas : on aurait tort de confier la morale à sa vertu agissante. Sans doute, à côté des Saintes, il est encore des femmes naturellement portées à l'innocence. On en voit chez qui la pureté la plus exquise, développée sans culture, rayonne toujours, même à travers l'épreuve du mariage. Mais ces chastes femmes deviennent mères, c'est-à-dire éducatrices. Elles ne peuvent plus dès lors se passer de savoir, car si l'ignorance immaculée s'unit chez elles à la constante pureté, rien n'autorise à attendre de leurs filles une égale préservation. Combien de jeunes filles qui ne ressemblent pas à leur mère !

— Les intérêts de la descendance et la préparation à la mission future veulent, même chez les jeunes filles les plus angéliques, une éducation élargie et profonde.

I

Le monde est malheureusement si étrange et
l'esprit humain tellement illogique, que les opinions les moins raisonnables sont celles qui
dictent parfois les systèmes les plus importants.
Celui de l'éducation des filles s'inspire d'une illusion flatteuse et touchante, mais funeste, parce
qu'elle incline à restreindre les cadres de l'enseignement.

Les femmes angéliques, disions-nous, sont rares.
Les hommes ne le savent que trop. Cependant,
comme maris et comme pères, les plus intransigeants sceptiques embrassent tout à coup par
rapport à la vertu, considérée en leurs femmes
d'abord et en leurs filles ensuite, une foi aveugle
qui a pour résultat, chez les maris, d'exposer la
femme à tous les contacts et à toutes les initiations, et, chez les pères, de soumettre les filles à
une éducation étroite, ombrageuse, peu faite pour
les préparer aux élargissements soudains de
l'avenir.

Ordinairement la femme, sous le rapport des
mœurs, vaut mieux que le mari. Les défaillances
de la fidélité conjugale, trop fréquentes de la part

du mari, sont, Dieu merci, exceptionnelles de la
part de la femme. Mais c'est à tort que tout
s'explique ici par la différence des sexes, c'est-
à-dire des tempéraments ; elle est une sauvegarde
incontestable ; ajoutée à la maternité si attachante,
elle offre une garantie sérieuse, mais non pas
unique ni suffisante des bonnes mœurs féminines.
Quand l'éducation et les principes n'assistent pas
la femme à travers les mille dangers du monde,
sa faiblesse naturelle, sa fragilité l'exposent à des
accidents. Le cristal ne sera pas brisé peut-être
— il l'est rarement, je l'espère, — mais restera-
t-il poli, limpide, indemne de ces rayures plus ou
moins creusées, qui attestent les heurts de la
passion et même ses assauts violents?

Si les femmes restent fidèles, elles ne le sont
pas fatalement, elles le sont volontairement. De
là, pour l'éducation, nécessité de ne pas se fier
exclusivement à l'effet toujours problématique de
la prétendue innocence native, et de combattre
les surprises éventuelles, par la sage révélation
des dangers futurs, en amassant contre les circonstances critiques possibles, sinon probables, une
réserve de forces. — La paix armée, c'est tout ce
que la nature humaine peut espérer dans sa lutte
contre les passions, même chez la femme.

Si les mœurs des femmes sont encore meilleures

que celles des hommes, si nos filles valent mieux que nos fils, les inégalités physiques et les servitudes maternelles n'en sont pas les seules causes. L'éducation d'une part, l'opinion publique de l'autre, ont joué ici un rôle considérable. Il y a deux choses : la persévérance des habitudes religieuses chez les femmes, et les complaisances du monde à l'égard des hommes. Tandis qu'on accorde toute indulgence à la morale des garçons, celle des filles reste sévèrement jugée. Tandis que la piété, entretenue par les pratiques religieuses, assiste et préserve beaucoup de jeunes filles; chez le jeune homme, l'éveil des sens coïncide au contraire avec la fin de toute instruction religieuse, et avec l'abandon presque général de toute pratique. L'éducation établit donc une réelle dissemblance, au profit de la femme; l'opinion publique l'accentue : prodigue envers la femme de sévérités aussi justes qu'honorables, elle témoigne envers l'homme de la plus complète et, du reste, de la plus humiliante tolérance. Il s'en suit que la femme cherche à remonter le courant; l'homme au contraire s'y livre vaincu et tranquille. L'inégalité morale des sexes procède de cette double cause, au moins autant que des inégalités physiques, d'ailleurs indiscutables et indiscutées.

— En doutez-vous? Voyez ce qui arrive quand

l'éducation manque et quand les usages supportent plus de laisser-aller. Dans les couches populaires, par exemple, où filles et garçons sont élevés à peu près uniformément : que se passe-t-il? L'honneur féminin y reçoit de fréquentes blessures. Les campagnes et les faubourgs sont un champ d'observation, où se découvrent de tristes correspondances entre les penchants mauvais des deux sexes.

Sans doute, nos filles peuvent bénéficier d'un atavisme glorieux ; sans doute, l'honneur des mères sauvegardé par le Christianisme, de génération en génération, apporte avec lui dans les milieux vraiment chrétiens qui subsistent encore, un héritage de grâces parfois séculaires [1] ; sans doute, il y a lieu d'en témoigner notre légitime fierté; mais les milieux vraiment chrétiens se font, de jour en jour, plus rares et l'auguste protection des aïeules bénies qui sanctifie les foyers et les berceaux, là même où elle subsiste, n'affranchit pas les générations

1. « Vous pouvez encore, jeunes gens, disait à Notre-Dame le Père Monsabré, en vous sanctifiant de bonne heure et en multipliant vos mérites, purifier les sources de la vie dont les flots s'épancheront un jour de vos flancs généreux ; vous pouvez vous préparer une race bénie, où Dieu verra d'un œil plus tendre et plus compatissant le sang de ses amis, où seront étouffés les appétits de la matière et par là diminués les empêchements que toute nature humaine oppose en naissant à la première grâce de Dieu. » (Monsabré. Conf. 21. page 252.)

nouvelles de l'épreuve méritante, particulièrement terrible aujourd'hui.

Bâtie de chair et de sang comme l'homme, remontant haut, je le veux bien, par la noblesse morale de la mère, mais descendant aussi quelquefois bien bas par la filiation paternelle, le joug originel d'une nature déchue pèse sur la femme. Il est bon de s'en souvenir, surtout à une époque où la décadence des croyances et des mœurs attaquant de toutes parts les conquêtes du passé, on cherche précisément à détruire la race des femmes chrétiennes et à ruiner le trésor des grâces que nous avons, comme nos mères, le devoir de léguer à nos filles. La vertu disparaîtrait de plus en plus, si l'éducation illusionnée sur la nature des femmes et résistant aux nécessités actuelles, repoussait encore l'évolution qui s'impose. Combattre préventivement, dans la jeune fille, les écarts éventuels de la jeune femme, en renversant la haute muraille qui sépare les deux phases de sa vie, est aujourd'hui — en raison des mœurs et des usages — le seul moyen de réussir. Il convient de poser théoriquement et pratiquement, dans la dernière période éducatrice, les bornes futures d'une liberté limitée, car les mêmes réserves morales font la loi aux jeunes femmes aussi bien qu'aux jeunes filles; ce qui est mal pour celles-ci est aussi mal pour celles-là; ni les unes ni les autres n'ont le droit de s'aventurer inconsidérément sur les terrains minés. Les complaisances faciles, les faciles capitulations ne conviennent à la femme chrétienne pas plus après le mariage qu'avant.

II

Dira-t-on cependant d'où provient chez les hommes la confusion des termes « ignorance et innocence », qui ferme à l'éducation des filles le domaine dès lors inexploré de principes directeurs indispensables? — Elle résulte non seulement de la foi paternelle et conjugale, qui présente aux pères et aux maris leurs filles et leur femme comme des exceptions soustraites au mal — d'ailleurs général d'après plusieurs, — mais elle résulte encore de certaines prétentions infiniment moins honorables.

Si la jeune fille reste étrangère à tout avertissement des tentations futures; si on lui laisse systématiquement ignorer les jeux cruels de la passion et la règle austère qui les condamne; si rien ne lui annonce les luttes du cœur ni ne lui fait pressentir les réserves que les sujétions normales des sens commandent au mariage chrétien, — ne faut-il pas voir, dans le prude ostracisme qui inspire les maîtres de l'opinion publique, un retour personnel assez mal dissimulé et peu intéressant? Est-ce le vrai souci de l'innocence féminine qui inspire les hommes, ou bien la secrète prétention d'exercer, un jour, dans le mariage, une liberté sans entraves? L'irréligion et le sensualisme ne combattent-ils pas ici plutôt que les respectables scrupules?

Quand l'homme ne veut pas d'une femme noblement éclairée, est-ce vraiment parce qu'il croit l'innocence incompatible avec la connaissance, ou bien parce qu'il redoute chez cette femme, précisément dans la connaissance, une gardienne de la pureté conjugale? Est-ce l'amour du bien ou l'attrait du mal qui combat en lui? Sont-ce les intérêts de la vertu ou ceux du vice? L'omnipotence masculine n'obéit-elle pas aux passions plutôt qu'à la conscience, lorsqu'elle vise au souverain pontificat?

Hier, le mari accueillit l'épouse vierge, innocente, ignorante même, telle qu'il la souhaitait; ne veut-il pas en faire demain presque une courtisane? Je sais que j'aborde ici un sujet de feu. Entrons néanmoins dans le buisson ardent : Dieu y dira sa loi, ses droits et nos devoirs.

Sommes-nous libres, nous éducatrices chrétiennes, d'abandonner aux surprises des expériences, dites légitimes, l'âme sans boussole de nos filles? Est-il vrai que l'intégrité du mariage ne souffre pas de préparation lointaine?

Selon nous, elle l'exige, puisque le mariage clôt l'ère tutélaire des conseils maternels et que ces conseils, ne pouvant se faire entendre après le mariage, ils doivent le précéder.

Quelle est l'institution qui se refuse à une initiation préalable et préparatoire? Le mariage deviendra-t-il donc une société secrète? Et s'il est une société secrète, où conduit-on l'aveugle initiée?

Livrée au mari, la jeune fille dite innocente, et ignorante de ces principes directeurs qu'elle n'a pas été préparée à appliquer au mariage, croit alors, par une expérience menteuse, que le mariage est l'ouverture consacrée d'une vie nouvelle, dans laquelle les sens priment légalement. Abandonnée sans aucune sauvegarde aux écarts corrupteurs, si elle ne trouve pas toujours dans le mariage une école de vertu, elle n'y rencontre pas plus sûrement une école de fidélité. — Quand la dépravation, mal contagieux, a fait son œuvre, ne vous flattez pas, ô maris imprudents! car d'autres que vous en seront aussi les complices.

Le sensualisme éveillé est le plus dangereux des tentateurs, et lorsque vous souhaitez l'ignorance chez vos femmes, pour accomplir aisément je ne sais quel dessein égoïste et pervers, vous leur apprenez le mépris du respect qui vous est dû, en méprisant vous-même le respect que vous leur devez.

La confusion des termes : « ignorance et innocence » se rencontre, sincère ou feinte, chez les hommes les plus disparates d'âge, d'opinions et de mœurs. Le jeune libertin affiche, comme le père de famille, une hostilité bruyante contre les tendances de l'éducation féminine, disposée à élargir ses leçons.

Tandis que l'honnête homme croit à la nécessité d'une ignorance — d'ailleurs illusoire — de tout ce qui rappelle le sexe ou les sens, le libertin, lui, la désire comme un fruit sauvage et savoureux, dont il se réserve le régal. La seule pensée que les nobles ouvertures de l'enseignement chrétien peuvent creuser un infranchissable abîme, entre sa fantaisie et la proie sans défense qu'il convoite, l'outrage et le révolte ; il redoute ce cri de la conscience éclairée : *non licet !*

Réfléchissez, pères de famille enclins à confondre l'ignorance avec l'innocence. Si ces deux termes vous semblent indissolubles en matière de morale, remarquez que le mariage les sépare un jour inévitablement. Ne faut-il pas alors que l'innocence puisse s'allier à la connaissance? Aussi bien, quels sont les maris encore assez *prêtres*, pour exercer saintement le sacerdoce conjugal? Adam fut chargé de cette haute mission; hélas! son auguste pontificat, prérogative magnifique de la perfection primitive, ne pouvait régner souverainement que dans l'âge d'or. Le péché originel, ici comme ailleurs, a détruit l'admirable ordonnance du plan divin. L'éducation a le devoir de le restaurer.

Chères Institutrices, ne nous laissons pas ébranler par les vaines clameurs de l'opinion publique, ameutée sans raisons. Ce sont nos vices qui, je le crains, à la faveur d'une équivoque flatteuse, cherchent à arrêter le progrès de l'éducation chrétienne des femmes, en trompant même les bons pères et les bons maris. C'est, d'autre part, le sensualisme allié à l'impiété qui, sous forme d'autocratie conjugale, fait échec aux droits divins.

Inviolables cependant, puisque la triple vocation de la femme soumet celle-ci d'abord à Dieu, son éternel époux, c'est-à-dire aux principes chrétiens, et ensuite seulement à l'homme, son époux terrestre et temporaire, les droits divins sont, hélas! violés, car la primauté divine contestée au nom de l'intégrité conjugale rencontre chez l'homme plus ou moins croyant ou incrédule un adversaire de son autorité et, partant, un adversaire de l'éducation chrétienne élargie.

Quoi qu'en pensent certains théoriciens, l'éducation doit aux enfants — aux filles comme aux garçons, — pendant la période enseignante, des leçons morales complètes. Dès que l'homme s'y oppose, dès qu'il se porte seul maître de la femme exclusivement guidée par lui, dès que la mère, docile aux usurpations intéressées, trahit ses pouvoirs, la société a mauvaise grâce à s'étonner, quand la corruption déshonore les familles.

Une réforme est nécessaire. Si elle s'accomplit, il sera aussitôt prouvé que les scrupules des inconséquents amis de l'innocence, fondée sur l'ignorance, ne se justifient pas.

En voyant régner chez leur femme et chez leurs filles la vraie morale, ils adhéreront aux idées nouvelles, manifestement bienfaisantes.

L'éducation n'est pas libre de taire une partie essentielle de son programme. D'une main sage, elle doit donc renverser pierre à pierre la haute muraille que l'usage dresse, d'ordinaire, entre la vie de jeune fille et la vie de jeune femme. Il faut la remplacer par une grille transparente, à travers laquelle se découvrira, petit à petit, au jour tamisé par les ombrages divins, quelque chose de l'inévitable avenir. L'éducation est, elle aussi, un sacerdoce. Rien n'échappe à ses droits, et ses devoirs sont immenses. Elle a charge de préparer saintement dans la jeune fille la jeune femme. Ceci ne se peut qu'en établissant un rapport d'initiation dogmatique purifiée au grand souffle des saintes intentions, entre l'existence virginale qui supprime l'exercice des sens et le mariage qui lui fait, dans la société conjugale, une part fonctionnelle, réglée chez les époux par d'austères lois.

III

Remarquons-le, d'ailleurs, les choses sont ce qu'elles sont. Ce n'est pas moi, pauvre éducatrice perdue dans cette fin de siècle, qui ai créé la femme à l'origine du monde ni qui ai ordonné, malgré la chute, le triomphe de *l'en haut* sur *l'en bas*. Ce n'est pas moi qui ai fait la femme esprit et chair; la femme est sortie des mains de Dieu avec son corps et son âme et Dieu a dit : l'âme commandera au corps.

C'est pour avoir oublié ce mélange de deux natures, cet antagonisme de deux forces, physique et morale, c'est pour n'avoir pas compté avec la soumission sévère des sens à l'esprit qui est due

— même dans le mariage, — que d'excellents systèmes d'éducation trahissent, en pure perte, les efforts les plus généreux.

D'autre part, si je n'ai pas créé la femme ni réglé la monogamie chrétienne, ce n'est pas moi non plus qui ai fait mon siècle, tel qu'il est. Aucun sage n'a voulu la souveraineté, temporaire sans doute mais presque universelle, du naturalisme et la domination du sensualisme; cependant ils régissent nos mœurs et voudraient gouverner le mariage.

De ce que la femme est composée d'un esprit et d'un corps; de ce que Dieu veut la suprématie grandissante de l'âme sur la chair; de ce que la société contemporaine est livrée au sensualisme assis même au foyer conjugal; il faut bien conclure à la triple obligation, pour les éducatrices chrétiennes, de tenir compte et de l'ordre naturel intime, et de l'autorité nécessaire de l'esprit sur le corps, et du naturalisme régnant qui lutte contre les préceptes divins.

Qu'on ne conçoive d'ailleurs aucune crainte; il n'y a pas de pruderie au monde qui puisse éluder la vérité d'un principe, affaiblir la puissance d'un fait : il n'y a pas non plus de vérité, qui outrage la sainte pudeur; on ne l'exposera à aucune atteinte grâce à notre méthode, grâce à l'emploi des incidentes adroites : au cours d'une lecture on peut tout dire avec à-propos, convenance et discrétion. — Eh! après tout, qu'est-ce donc que la *pruderie*, sinon l'*hypocrisie du sensualisme?*

Revenons à la vérité, rentrons dans le plan de Dieu, occupons-nous de l'ordre naturel pour favoriser les conquêtes de l'ordre surnaturel. Au lieu de fermer la porte aux révélations que la vie quotidienne ou les livres choisis peuvent offrir, servons-nous-en, au contraire, pour glisser habilement les leçons utiles. Pas d'équivoques, d'ailleurs. L'exercice normal des sens n'est pas un péché, c'est une fonction. Pourvu que la fonction s'exerce légitimement, c'est-à-dire selon les lois établies par Dieu, la morale est obéie. Mais pour que la loi triomphe, il faut qu'elle soit connue, et nous avons le devoir de la faire connaître avec sincérité et respect. Malheureusement, on erre en pareille matière : quand par hasard on rencontre des questions délicates, si on les effleure c'est pour les fausser; si on les tait, on provoque des investigations dirigées par une curiosité égarée et dangereuse.

Laissez-moi vous le répéter, dignes maîtresses, tendres mères, saintes religieuses : non seulement il n'est pas permis en éducation d'énoncer un faux précepte, mais l'omission est interdite aussi

bien que la tromperie. Nos arrière-grands-pères,
plus sensés que leurs fils, pensaient, eux, que
l'ignorance n'est pas l'innocence. Jacqueline
Pascal, présentée à la Cour de Louis XIII à l'âge
de onze ans, fut invitée par Richelieu à improviser
des vers sur la grossesse de la reine, et nul ne
s'en choqua. Les Saintes illustres faisaient vœu de
virginité, dès l'âge le plus tendre; osera-t-on dire
que leur connaissance précoce n'était pas alliée à
la plus pure innocence? Et Marie, la Vierge des
vierges, lorsque l'ange lui annonce sa divine
maternité : « Comment cela se fera-t-il, répond-
elle, puisque je ne connais point d'homme [1]? »

Acceptons, je vous en prie, l'ordre divin. A
côté des Saintes et de Marie, voyez cette humble
paysanne aux yeux limpides, au front pur; dans
son modeste maintien est-elle assez virginale!...
Fille chrétienne d'une mère chrétienne, elle sait
cependant les vérités naturelles qui ont surgi sous
son innocent regard, dans la simplicité des champs,
et dont la connaissance est la sauvegarde de sa
chaste jeunesse et de sa forte vertu!

1. *Saint Luc*, chap. i. verset. 34.

IV

Ce qui nous reste à dire servira d'encouragement au zèle timide et rassurera les belles âmes contristées par les révélations douloureuses mais nécessaires, qu'il faut bien communiquer aux prêtres de la haute éducation. De même que les nobles praticiens de la science médicale abordent avec sérénité l'amphithéâtre et ses sanglantes investigations, de même nos Institutrices futures feront sans défaillir les analyses alarmantes, qui doivent guider leur apostolat.

Consultez les confesseurs, les médecins, les psychologues, les mères de famille : les uns et les autres vous diront, d'une commune voix, que la tentation, d'ailleurs moins générale, moins précoce, d'un caractère plus élevé mais aussi plus perfide chez la femme que chez l'homme, expose celle-ci à des atteintes, contre lesquelles une éducation consciencieuse a le devoir d'armer la jeunesse. Tandis que chez l'homme la tentation s'attaque vite à la sensualité, chez la femme elle revêt presque ,exclusivement, tout d'abord, un caractère sentimental et idéal.

Il ne faut pas croire que la tentation sentimentale soit rare et inoffensive, et il est important d'observer que, si on veut la vaincre, on ne le peut qu'à la condition de saisir le mal, dans son germe, et d'en faire entrevoir les fatales extrémités. Malheureusement, on ne montre pas la pente rapide qui incline le sentimentalisme vers la sensualité, car ce serait reconnaître qu'on fait erreur, en affirmant que l'ignorance assure l'innocence.

Peu de jeunes filles échappent aux tentations du cœur. Quelques-unes en subissent la crise redoutable dès l'âge de quinze ans : chères et nobles enfants, en qui brûle la soif de l'idéal, elles ne méritent ni le blâme ni les rigueurs, encore moins l'abandon. Ce sont des sympathies, des protections, des lumières qu'il leur faut. Natures riches, elles seraient un jour des femmes d'élite, si on les instruisait. Ignorantes, leur supériorité même les désignant à l'esprit mauvais, elles deviennent une cible livrée aux flèches enflammées de l'illusion, tandis que rien ne menace leurs compagnes, non-valeurs insignifiantes et dédaignées du mal.

L'éducation se prévaut inconsidérément, contre les natures supérieures qu'elle abandonne, de la généralité subalterne à qui elle se consacre dans une paresseuse sérénité. Elle pratique dès lors les systèmes rétrécis, funestes aux grands dons. Diriger, convertir, utiliser les forces vives que le mal nous dispute précisément à cause de leur haute valeur, nul n'y songe, et nul ne le peut, faute de la sainte hardiesse qui manque à l'éducation superficielle.

Quand vous rencontrez, chères Institutrices, parmi vos élèves, des cœurs chauds unis à de vives intelligences, sachez donc démêler les belles promesses dont les symptômes précurseurs s'annoncent souvent en des manifestations passionnées, et dites-vous bien que ces âmes méritent toutes les ressources du grand art. Vouloir éteindre au souffle du scepticisme ou ensevelir sous le boisseau de l'ignorance les premiers feux de la sensibilité adolescente, n'est qu'illusion et danger. Si plus tard ces enfants mal comprises, négligées, tournent du mauvais côté, à qui s'en prendre? On ne leur a pas dit où elles allaient. Faute d'un enseignement sauveur, elles n'ont pas appris à discerner les pièges du mal. Elles n'ont pas su que la sensibilité, émue à l'excès, conduit les cœurs qui s'en nourrissent au sensualisme enivrant, et le jour où un mari corrupteur porte le trouble en elles, leurs égarements secrets ou publics font trop voir l'erreur grossière de ceux qui confondent systématiquement l'ignorance et l'innocence.

V

Je me résume :

Il faut apprendre aux jeunes filles que l'idéal, dès qu'on en cherche la réalisation terrestre, se fixe dans l'ordre matériel. Ceci est nécessaire, pour conjurer les suites dangereuses de la sensibilité déchaînée, et ceci n'est faisable qu'avec la connaissance des lois irréductibles qui gouvernent philosophiquement et dogmatiquement l'exercice des sens.

Il faut, en second lieu, apprendre aussi aux jeunes filles que la femme a pour mission comme épouse d'aider le mari à élever le mariage jusqu'aux régions supérieures, vers lesquelles il doit toujours tendre. « L'histoire du mariage — disait récemment M. Brunetière [1] dans une citation empruntée à Edouard Westermarch, — est l'histoire d'une relation dans laquelle les femmes ont graduellement triomphé des passions, des préjugés et des intérêts égoïstes des hommes. » Et M. Brunetière ajoute : « Voilà l'image d'un vrai progrès ! » Nous ne sommes donc ni le premier ni le seul défenseur du progrès moral, dans le

[1]. *La Moralité de la doctrine évolutive*, Revue des Deux Mondes; 1er mai 1895, page 145.

mariage, par l'influence de la femme. Toutefois la thèse mise en œuvre, dans l'éducation des femmes, ne prévaudra pas sans lutte. Elle soulèvera des inquiétudes, des objections. « Vous cherchez à faire des femmes si supérieures, nous dira-t-on peut-être, que vous les amènerez à ne pas vouloir des hommes, ou que vous éloignerez les hommes d'elles. » Soyons, à cet égard, sans crainte. Premièrement, en éducation et surtout en éducation supérieure, le résultat atteint, sauf exception rare, reste très inférieur au résultat voulu, ainsi qu'à l'effort du maître et à son idéal inspirateur. — J'ai eu dans ma jeunesse, à Venise, un très vieux professeur de chant dont l'ardeur extraordinaire, exagérée, me frappait, à chaque leçon, d'un vif étonnement. Comme je lui en fis un jour la remarque : « Ah! Signora, me dit-il, vous ne savez donc pas que si le maître veut amener l'élève à une température de quinze degrés, il faut qu'il se maintienne, lui, au moins à quarante!... » Parole profonde et instructive; elle rassurera les timides que la perfection épouvante. L'éducation peut, sans redouter un résultat trop parfait, porter haut l'idée philosophique et morale dont elle s'inspire. Et d'ailleurs où résident les vrais principes? — En Dieu, c'est-à-dire, en toute rigueur, sur les cimes de l'infini.

Quant à amener les femmes à ne pas vouloir des hommes, ou à éloigner les hommes des femmes, c'est là une tendance que l'idéal de la perfection chrétienne bien compris ne favorisera jamais, parce qu'il demeure, même dans ses plus belles envolées théoriques, essentiellement raisonnable, et parce qu'il sait devenir, avec l'assistance divine, héroïquement généreux sur le terrain pratique de l'action. Si la femme supérieure existait un jour, telle que nous avons essayé de la dépeindre en traitant de sa triple vocation, elle voudrait d'autant plus de l'homme qu'elle se sentirait plus attirée vers lui, par les aspirations d'un plus noble amour; et l'homme rencontrant dans une telle femme le charme irrésistible de l'exquise tendresse, aux ardeurs pures et dévouées, l'aimerait d'un amour incomparable. C'est en privant au contraire l'homme et la femme des rapports d'âme, qu'on rend impossible toute sympathie immuable et tout amour éternel. Est-ce que les attaches de la chair nouent jamais des liens durables et bénis? Écoutons seulement nos romanciers physiologistes. Entendons les passions sourdre et gronder, dans les conceptions enflammées de leurs études d'amour. Sont-ce des chants extatiques ou bien des anathèmes, que font entendre leurs tristes héros, pleins de furieux transports?

Des haines effrayantes poursuivent la femme d'âge en âge; ce n'est pas sa pureté qui les attise.

Ce n'est pas à cause de sa vertu qu'un grand Saint [1] l'a appelée *le sexe vil*, que des religieux l'ont nommée *un mal nécessaire*, et qu'aujourd'hui le Poète de la Volupté [2] lui-même la déclare *le fléau du monde*. Les flétrissures et les insultes s'adressent à la séductrice maudite, à la Circé fatale. — Ceux qui ont poussé de tels cris se plaindraient-ils d'être entendus?

La nouvelle éducation ne cherche qu'à restaurer l'union magnifique de l'homme et de la femme. En quelle langue faut-il le redire, et comment, même dans l'intérêt du bonheur, pourrait-on s'y tromper?

Qu'on veuille bien d'ailleurs le remarquer : l'enseignement nouveau est une œuvre délicate, de longue haleine, et qu'il y a lieu de commencer seulement à l'heure voulue, à l'âge où le triple développement du corps, de l'esprit et du cœur touche à son épanouissement, âge que je fixe à seize ans environ, qui ouvre l'ère des leçons décisives, et auquel un usage insensé ferme la période éducatrice. Alors qu'elles devraient pousser l'action avec un zèle ardent et sagace,

1. Saint Bernard. — 2. Gabriel d'Annunzio, *le Triomphe de la mort.*

les mères effrayées par la lutte à soutenir, lutte redoutable en effet, et se privant des moyens efficaces puisque les grandes lectures qu'elles n'abordent pas offrent seules l'occasion d'un vaste ensemencement de principes, les mères, dis-je, adoptent le parti du silence, de l'extinction et du laisser-aller. La tâche est difficile. Elle réclame des ouvrières exercées. On les rencontrera un jour, chez les *Dames du Préceptorat chrétien*, qui seront principalement formées en vue de cette haute éducation intellectuelle, morale et religieuse. Dévoiler à la jeune fille les horizons prochains de la jeune femme, l'y acheminer avec une sage discrétion, n'est-ce pas plus raisonnable que de lui mettre un bandeau sur les yeux, pour la conduire tête baissée jusqu'aux confins inconnus d'une seconde existence, absolument distincte de la première ?

La nature agit autrement. Elle nous porte peu à peu de l'innocence enfantine à des pressentiments suggestifs. Elle passe, de jour en jour, par les degrés ascendants qui mènent d'un pôle à l'autre. Elle entretient d'abord chez les enfants le doux sommeil des sens, heureux âge où l'homme et la femme s'ignorent, âge d'or pendant lequel la sollicitude maternelle doit écarter d'une main protectrice toutes les indiscrétions susceptibles de dissiper l'innocence avant l'heure. Autour du berceau, respect et vigilance ; mais plus tard direction lente et mesurée de l'innocence enfantine, vers la connaissance progressive — et non pas chute brusque du berceau dans le mariage. Cette chute est anti-naturelle, anti-rationnelle, anti-morale. L'erreur n'est pas de préserver l'enfance : on ne saurait, au contraire, user envers elle de trop de précautions ; les initiations prématurées sont terribles, il faut à tout prix les éviter. Mais vient un jour où la nature opère elle-même des révolutions profondes et marque le moment d'interpréter la voix de la Sirène, qui appelle la jeunesse sur les flots perfides des passions. Quand des phénomènes physiologiques annoncent des fonctions nouvelles, l'éducation a le devoir de les expliquer scientifiquement, comme un fait d'ordre naturel, sans d'ailleurs s'égarer dans des analyses inutiles. Ne voyons-nous pas la nature s'exercer plusieurs années, avant d'atteindre ses fins ? Ce n'est pas non plus le jour, où la maternité et la paternité deviennent possibles, que les mœurs civilisées assignent au mariage. Les lois établies par la société ne le permettent pour la femme qu'à quinze ans et pour l'homme qu'à dix-huit. L'usage ne le pratique que beaucoup plus tard encore. Entre les phénomènes physiologiques qui préludent au mariage et le mariage lui-même, s'écoule un temps plus ou moins long; la moyenne pour la femme, dont seule ici nous nous occupons, égale assez exactement une période de quatre à six années. Eh bien! c'est cette période que l'éducation doit employer doucement à l'évolution délicate, qui mène la femme de l'innocence ignorante primitive à l'innocence connue, consciente, affermie par de sages initiations *hautement nobles et chastes*. — Qui pourrait s'en choquer? Qui n'en voit au contraire la moralité? Cet élargissement offre, en outre, un avantage considérable, au point de vue de l'extension si nécessaire des cadres de l'enseignement moderne. Entre les moyens et le but, entre le but et les moyens, règne une harmonie parfaite. Tandis que l'instruction est un moyen inéluctable d'éducation, puisque sans les grandes lectures celle-ci n'est ni sérieuse, ni complète, ni même possible, l'éducation à son tour trouve dans l'instruction son succès, puisque sans un système ouvert aux idées profondes et élevées, les études restent fatalement circonscrites, insuffisantes, vouées à l'étroitesse et à la médiocrité.

Réagissons donc contre les tendances déplorables, qui s'acharnent à couper en deux le corps de l'existence féminine. Utilisons les précieuses années de jeunesse, si souvent gaspillées dans l'oisiveté et dans le plaisir. Cessons de croire que nos filles ont terminé leur éducation lorsque, vers l'âge de seize ou dix-sept ans, elles auront parcouru tant bien que mal les programmes élémentaires, légèrement teintés de connaissances variées mais superficielles, dérisoires, trop pauvres pour l'application philosophique et par conséquent nulles au point de vue pratique. Enseignons aux jeunes filles la vie dans les faits, dans les exemples, dans l'inépuisable trésor des beaux livres, dans la science de leur destinée prochaine de femmes!... — Nous prouverons ainsi que l'innocence, en tant que vertu solide et résistante, est le fruit de la connaissance et non de l'ignorance.

VI

Aussi bien, je n'ai pas fini : une rapide parenthèse doit logiquement clore ce chapitre.

Vous vous étonneriez, chères lectrices, de ma profonde méconnaissance des temps, si je n'ajoutais pas à mes considérations, sur l'ignorance systématiquement entretenue chez les jeunes filles, quelques observations complémentaires.

Il existe, dit-on, des jeunes filles très fortes en connaissances avancées. Je le sais. Si l'on en juge par le roman, par le théâtre, par les petits salons blancs, vestibules des grands salons roses, la jeune fille contemporaine ne différerait pas beaucoup de la jeune femme dans certaines groupes — du reste plus tapageurs qu'importants — remarqués à Paris et dans les grandes stations élégantes. La muraille, que nous voulons supprimer, serait depuis longtemps en ruine. J'en conviens, et c'est assez naturel : une société qui produit des jeunes femmes, telles qu'on en voit en trop grand nombre, dans les salons modernes, devait logiquement donner des jeunes filles correspondantes ; mais, disons-le, si des justiciers sérieux remontaient à la cause originelle, peut-être nous désigneraient-ils les hommes comme les émissaires responsables des maux qui, après avoir attaqué la jeune femme, s'en prennent aujourd'hui à la jeune fille. Quoi qu'il en soit, une vaste baie enguirlandée de soie et d'or ouvre la voie des communications, entre les jeunes femmes et les jeunes filles. Les voluptés goûtées sèment les voluptés désirées. Là, c'est la possession pleine, ici l'attente singulièrement dépouillée des candeurs d'antan. Naïfs eux-mêmes, s'écrie-t-on, ceux qui parlent de vérités réservées et prétendent ajouter à l'éducation un chapitre oublié, en cherchant à introduire dans des méthodes nouvelles les connaissances dogmatiquement enseignées qui doivent désormais assister la morale.

Eh bien! j'en tombe d'accord; il n'y a rien à apprendre à ces jeunes filles qu'on nous oppose, mais c'est en matière d'erreur et de vice seulement que de telles jeunes filles, si elles existent, sont avancées : — raison de plus de penser qu'il reste quelque perspective à éclairer pour elles, en matière de vérité et de vertu. J'admets que la littérature sur ce point ne ment pas, que lorsqu'on sait la comprendre, étant d'âge et d'esprit à la lire en moraliste, elle apporte aux éducateurs des renseignements utiles. Je suppose encore que les familles, dites chrétiennes, ont aussi, hélas! quelques représentants perdus, parmi ces jeunes filles déséquilibrées, qui font tant parler d'elles aujourd'hui. Seulement, je nie que ces tristes produits du naturalisme ambiant soient jamais la résultante de la culture scientifique, philosophique et religieuse que nous prêchons : haute culture que certainement leurs mères n'ont pas employée. En ce cas, les procédés d'initiation sont tout autres. Le vice hypocrite et rusé manifeste tour à tour la connaissance, soit à l'ombre de la pruderie, soit aux rayons du plaisir. Les femmes lancées ont double visage. Comme mères, elles se montrent d'autant plus ombrageuses et pudibondes qu'elles se sont plus aventurées, pour leur propre compte, sur les routes libres du dévergondage. Les vérités physiologiques, pratiquement liées dans leur vie aux écarts et non pas aux vertus régulières, sont des thèmes qui les épouvantent et qu'elles n'ont garde d'aborder avec leur fille. Par voie d'enseignement positif elles n'énoncent rien, moins que rien. Le grand livre des principes reste immuablement fermé; l'école expérimentale, toujours ouverte, se charge des initiations, dès lors réservées aux plaisirs. Car la mère qui s'affole, dans les divertissements, n'en prive pas sa fille, elle a « trop de cœur » pour cela, et puis dans la vie usuelle on ne change pas de décors comme au théâtre, sur un coup de machine. La connaissance — et quelle connaissance! — vient donc à la jeune fille non pas sous sa forme doctrinale austère et préservatrice, mais à l'aventure des occasions perverses. Les salons, les comédies avec leurs sous-entendus équivoques et provoquants, les pages impressionnistes de romans mal cachés, enfin les promiscuités du scandale allument dans l'imagination des flammes multicolores, véritables foyers de concupiscence. — On ne saurait sans mauvaise foi les confondre avec les pures lumières de la connaissance dogmatique, seule chaste, seule licite, seule moralisatrice, et dont nous avons essayé d'indiquer ici les grandes lignes générales.

CHAPITRE IV

UNE DOGMATIQUE DE L'AMOUR

Si je renverse la haute muraille qui, jusqu'ici, dans l'éducation chrétienne, se dresse entre la vie de jeune fille et la vie de jeune femme; si ma réforme porte, comme je l'ai tout d'abord indiqué, sur l'enseignement physiologique de quelques vérités naturelles, scientifiquement connues et philosophiquement expliquées, la marche logique du système m'oblige à aborder l'examen d'une thèse, bien autrement délicate.

Esquisser une dogmatique de l'amour est, au point où nous en sommes venus, une pressante nécessité.

Je ne m'y déroberai pas. Je dirai simplement ce que je pense, mais je ne le dirai ni en doctrinaire pontifiant, ni en psychologue de cabinet, encore moins en généralisateur ambitieux. Renfermée dans le cercle qui spécialise mon action, la dogmatique de l'amour telle que je vais l'ébaucher, s'adresse à nos futures Institutrices. J'envisage ce problème, si complexe et si vaste, à un point de vue particulier, au point de vue qui les intéresse, elles, d'abord, et leurs élèves ensuite.

Malgré le silence, en matière d'amour, des éducateurs célèbres; malgré la négation ou l'ostracisme chers aux mères craintives, deux motifs principaux, également forts, nous invitent à inscrire une dogmatique de l'amour, parmi les connaissances que l'enseignement chrétien supérieur ne saurait plus longtemps rayer de ses programmes.

Ces deux motifs sont, d'une part, l'exaltation actuelle effrénée de la jouissance, et de l'autre les invincibles sévérités de la vie.

I

L'amour est un sentiment qui donne à ceux qui l'éprouvent l'illusion de l'infini, c'est-à-dire pour un instant la réponse totale à tous leurs désirs.

Centre, source et fin de tout, besoin suprême et sublime, culte indestructible, souvenir immortel, inénarrable espérance, l'amour sollicite l'univers. Ceux-là même qui le profanent l'encensent encore et l'adorent à leur manière, car le cœur de l'homme, touché de la flèche sacrée, porte à l'amour, idole ou vrai Dieu, l'âme de son âme. C'est la loi; c'est tour à tour la félicité ou le martyre : — c'est la vie!

Et cependant l'éducation ne parle pas de l'amour! Et cette question : « peut-on parler de l'amour aux jeunes filles? » soulève presque un scandale :

« Parler de l'amour à la jeunesse, s'écrie-t-on, mais c'est toute une révolution! Les éducateurs célèbres du xvII^e siècle sortiraient de leur tombe, indignés et vibrants, si le bruit d'une pareille hardiesse pouvait les arracher au dernier sommeil. Ont-ils jamais parlé de l'amour, eux, les maîtres immortels? Existe-t-il dans le *Traité de l'éducation des filles*, de Fénelon, par exemple, ou dans les *Lettres* et *Entretiens*, de Mme de Maintenon, ou dans les écrits nombreux de *Port-Royal* un seul chapitre qui fasse une place à l'idée de l'amour, dans l'éducation? » — Non, assurément. On s'inquiète fort peu à Saint-Cyr, même en mariant ces demoiselles, de satisfaire chez elles le besoin du cœur. Mais aussi a-t-on préparé le maintien des bonnes mœurs et de la foi? L'eût-on fait, du reste, pour le temps : quel rapport existe-t-il, entre cette grande époque et la société française actuelle, violemment arrachée aux principes d'austérité qui gouvernaient les plus respectés de nos aïeux?

L'éducation chrétienne moderne n'a précisément qu'un tort, c'est d'appliquer trop exclusivement des méthodes, magnifiques sans doute, mais incomplètes, sur quelques points même caduques. Chez les peuples démocratiques, l'éducation a de tout autres ressorts que dans les monarchies. Il faut aux démocraties des vertus plus parfaites encore : Montesquieu l'a démontré; — or, les hautes vertus ne vont pas sans la connaissance. La postérité trouvera toujours, chez Fénelon et chez Mme de Maintenon, avec un peu trop de dédain d'ailleurs pour l'ordre naturel si impérieux, d'excellentes maximes. Principes de sagesse, de force, d'élévation y abondent. Mais ni Mme de Maintenon ni Fénelon, quel que soit leur génie, n'ont pu tout dire, pour la bonne raison qu'ils ne pouvaient deviner l'avenir et ses exigences toujours nouvelles. Grands esprits s'il en fut, ils ont bien dit ce qu'ils ont dit, et ils ont dit plus qu'on n'avait dit avant eux; cela suffit à leur gloire : cependant ils n'ont pas tout dit.

Quand la sainte Écriture, livre immortel mais

non pas infini, laisse après elle les champs de la
conquête progressive ouverts, terre sans bornes,
aux développements et aux adaptations indéfinis,
cet exemple nous enseigne que le génie humain,
jusqu'en ses manifestations les plus brillantes,
ne fait que répandre sur le monde des lumières
inconnues jusque-là et n'arrache au soleil de la
vérité que des rayons partiels. C'est pourquoi
après Fénelon, après Saint-Cyr, Port-Royal,
même après le grand Évêque[1] dont les cendres
sont à peine refroidies et qui ne nous a pas
donné, sur l'amour, en matière d'éducation les
formules que je cherche, je crois en les cherchant
développer, selon l'esprit des maîtres, une pensée
chrétienne empruntée et adaptée à l'esprit du
temps.

Je n'appelle pas de mes vœux téméraires une
révolution, je prépare seulement une évolution
décisive et manifestement opportune.

II

La délicatesse du thème paraît, sans doute,
redoutable. Si les éducateurs se sont générale-

1. Mgr Dupanloup, évêque d'Orléans, qui s'est immortalisé
par son beau traité sur l'Éducation.

ment refusés à l'aborder dans leurs ouvrages, si l'on a systématiquement échappé en matière d'éducation à la définition positive et à l'enseignement efficace des principes qui gouvernent l'amour, il ne faut pas trop s'en étonner. La thèse est d'une essence intime qui semble vouée au plus sacré mystère; et puis les Institutrices, les mères elles-mêmes, n'ont peut-être pas de l'amour et de ses lois une idée claire, étendue et profonde.

Justement embarrassées, pénétrées de crainte et de respect, mères et éducatrices n'osent pas soulever le voile de l'inconnu, qu'elles-mêmes distinguent assez mal. Elles ont peur de découvrir à leurs filles un dangereux horizon. Par des scrupules aussi compréhensibles qu'honorables, elles se renferment d'ordinaire dans le silence, s'efforçant de déjouer les pièges de l'amour non pas à l'aide de principes directeurs positifs et solidement enseignés, mais par divers moyens dont les deux plus usités ont fait école. L'éducation procède ou bien par l'extinction systématique de toute flamme, ou bien par l'emploi de dérivatifs destinés à faire échec à l'amour.

Avec d'excellentes intentions ces deux systèmes, presque aussi impuissants l'un que l'autre, s'usent en vain dans la passivité ou l'action et ne peuvent jamais ni amortir les échos révélateurs qui frappent, malgré tout, les oreilles de la jeunesse, ni inventer des études ou des plaisirs étrangers à l'amour et assez captivants pour en dominer les séductions inévitables. Selon nous, tout autre est la marche à suivre.

Il faut parler saintement de l'amour. L'éducation chrétienne, seule capable d'en saluer la chaste et rayonnante beauté, a le pouvoir et le devoir de promulguer la dogmatique profonde qui, seule aussi, offre des garanties sérieuses de haute morale.

Étudions rapidement les deux écoles qui se partagent la faveur des familles chrétiennes. On en verra la double faiblesse.

Appliquées à l'extinction pure et simple de l'imagination et des sentiments, beaucoup de mères chrétiennes et la plupart des Institutrices religieuses croient triompher des besoins, des complots et des surprises de la nature, soit en condamnant l'amour, dès lors systématiquement chassé par toutes les portes comme le pire ennemi de la morale, ou bien, si d'aventure il entre par la fenêtre — et la chose arrive, — en le représentant comme une folie coupable, ridicule, à laquelle il serait niais d'attacher jamais sa pensée.

Or, qu'est-ce à dire?

Supprimer des cadres de l'éducation précisément le phénomène qui est l'âme de l'univers est-ce possible? — Est-ce permis?

Est-ce possible? — Mais l'amour nous guette partout. Pour le cacher à la jeunesse, il faudrait lui crever les yeux, lui vérouiller l'intelligence, lui cadenasser le cœur.

Est-ce permis? — Mais le système d'éducation, qui frappe d'ostracisme l'amour, n'est pas seulement mutilateur de l'être intellectuel et moral, il en est le meurtrier!

Avec un tel système : plus de culture, plus de connaissances développées. On ne peut rien étudier, ni en histoire, ni en littérature, ni en peinture, ni en musique. Le monde des lettres, des arts, des événements, tout est muré. Il n'est pas jusqu'aux sciences naturelles, jusqu'à la philosophie, jusqu'à la religion sur lesquelles on ne soit obligé de passer condamnation, dès qu'on proscrit la connaissance de l'amour, car enfin la matière elle-même, objet des sciences naturelles, par ses affinités mystérieuses balbutie encore le nom de l'amour; l'amour forme en philosophie l'un des chapitres les plus vastes, les plus importants, les plus dignes de captiver les chercheurs de problèmes, et en religion l'amour est l'âme du dogme et de la morale, car il est Dieu connu dans la Trinité, archétype de l'amour.

Cependant une sorte d'affreux obscurantisme, aux visées impraticables et malfaisantes, jusque dans leurs avortements assurés, inspire certaines éducatrices bien aveugles.

Exclure, par voie d'autorité arbitraire, tout ce qui peut ramener la pensée à l'amour, paraît être leur idéal. Comment ne pas voir qu'elles suivent une marche horriblement dangereuse, car elles livrent le cœur aux surprises des sens et coupent à l'âme ses ailes divines!

L'école des dérivatifs est-elle meilleure?

Sous des dehors plus profonds et plus judicieux, son caractère chimérique n'est pas moins évident. On ne surmonte les dangers de l'amour qu'en opposant à la passion les principes inflexibles. Sans doute, l'usage des dérivatifs est d'un grand secours en éducation. On a compris déjà, en parlant du travail intellectuel, combien l'instruction est utile précisément à titre de dérivatif, pour prévenir les écarts du sentiment et pour conserver en équilibre l'esprit et le cœur. Mais ce qu'il faut comprendre aussi, c'est que les dérivatifs ne remplacent pas les principes, dont ils ne sont que le soutien et le complément. De plus, envisagés comme remède contre l'amour, une difficulté embarrassante surgit dans la pratique. L'école qui se propose de détourner de leur cours naturel les pensées de la jeunesse, en occupant son esprit et son activité en dehors de l'amour, s'illusionne grandement au point de vue des ressources disponibles, quand il s'agit des filles ; car on ne peut pas imposer aux filles la tyrannie des mathématiques et des sports, comme aux garçons, en qui d'ailleurs ce double surmenage ne tue pas toujours la volupté. L'amour est mêlé à la plupart des études et des distractions qui leur conviennent. En littérature, en histoire, en philosophie, il joue, je le répète, les premiers rôles ; dans les beaux-arts, il est l'inspirateur suprême ; en société, l'hôte inévitable, puisque même dans le cercle restreint de la famille ou de l'intimité, le père et la mère, les frères et les sœurs, les amis et les amies unissent l'homme et la femme, appelés à se rencontrer ici-bas partout et toujours. L'amour est au fond de tout. Cause et but de la vie, il est depuis que le monde est monde l'âme des grandes pensées comme des grandes actions. — Voilà pourquoi on se leurre étrangement, alors qu'on pense occuper et distraire la jeunesse par de sèches études et de fades plaisirs systématiquement renfermés dans je ne sais quel cadre étroit et noir, que nul reflet d'amour n'éclaire jamais.

Non, quoi qu'on fasse, ni la condamnation tacite et formelle de l'amour, avec l'obscurantisme érigé

à la hauteur d'une vertu, ni d'autre part le chimérique emploi de dérivatifs fastidieux et enfantins,
ne sont en matière d'éducation des procédés
habiles et efficaces. Aucun des deux n'a jusqu'ici
tranché heureusement les difficultés que soulève
le problème de l'amour.

III

Les lacunes de l'enseignement chrétien sont
d'autant plus regrettables que la jouissance, notre
reine aujourd'hui, s'empare de l'amour bassement
matérialisé et fait de ses plaisirs le but même de
la vie. Il faut répondre à cette prétention exorbi-
tante, en montrant que l'amour noblement spiritualisé appartient infiniment plus à la philosophie
chrétienne qu'au naturalisme.

Cependant épouvantés, les prêtres du véritable
amour déchirent, par réaction, leurs tuniques
blanches, couchent par terre leurs encensoirs
éteints et brisent les harpes d'or : l'autel est sans
parfums, la chaire sans voix, le sanctuaire sans
fidèles. La jeunesse, trompée par ce silence, passe
entre nos basiliques muettes, comme à travers
des tombes; haletante, elle court là où l'appelle
le naturalisme aux cent bouches, car les prêtres

païens, avisés et infatigables, redoublent de génie et d'ardeur. Le délire excité s'affole ; les agitateurs sensationnels règnent, et le mal de l'amour, devenu l'amour du mal, ébranle la terre avec une violence qui bouleverse la société. Partout, au village comme à Paris, notre civilisation naturaliste propage l'incendie de la passion ; incessamment cultivée, celle-ci enflamme la jeunesse, ses fumées déshonorent les cheveux blancs : les folies et le crime se multiplient ; la presse publie chaque jour les récits les plus honteux ; d'infâmes aventures étalent complaisamment à tous les yeux les turpitudes contagieuses. Il n'est pas jusqu'au verdict de la justice qui, par ses acquittements scandaleux, ne favorise trop souvent les sanglantes chutes, innocentées sous la rubrique étrange de « crimes passionnels ».

Vous vous demandez peut-être, chères Maîtresses, quel est le lien qui existe entre vos devoirs éducateurs et ce rapide tableau des voluptés, furieuses à notre époque. Vous me reprochez de mettre en scène un monde auquel vos élèves, croyez-vous, n'appartiennent ni de près ni de loin. — Hélas ! nous respirons tous le même air. Le triomphe de la jouissance nous enveloppe d'une atmosphère pénétrante et vos élèves n'échappent pas plus que d'autres à l'épidémie corruptrice. C'est un premier mal qu'il faut guérir. Un autre mal non moins menaçant résulte des usurpations éhontées du naturalisme en matière d'amour et de la tactique par laquelle les éducateurs chrétiens, protestataires muets, font avec leur silence inexplicable le jeu de l'ennemi.

Au sein de notre société l'esprit de sacrifice disparaît, jusque chez les chrétiens. — Qui pratique le détachement? Qui ose rappeler que les principes évangéliques combattent la recherche immédiate et trop ardente du bonheur? Sa poursuite n'est-elle pas, plus ou moins ouvertement, la préoccupation générale de notre vie?— Nul doute que l'esprit de sacrifice ne doive être, peu à peu, restauré dans les âmes ; mais rendons-nous donc à l'évidence, réglons notre système sur les nécessités actuelles et ne nous dissimulons pas que c'est avec des précautions infinies et par mille détours habiles que l'esprit de sacrifice rentrera dans l'âme chrétienne moderne. Ne nous dissimulons pas davantage les attraits invincibles de l'amour. La jeunesse veut le connaître ; c'est son droit, il faut y souscrire. L'amour appartient à la religion ; il vient du ciel, non de l'enfer. Besoin inné, tôt ou tard pressant, il importe d'en donner la notion prévoyante, pendant la période éducatrice de la vie, en l'enseignant tel que Dieu le veut, en le montrant comme un bien dont les deux formes, hiérarchiquement subordonnées l'une à l'autre, sont tout à la fois humaines et divines. Ramené à sa loi, l'amour ouvre à la jeunesse chrétienne la source des félicités, auxquelles elle aspire invinciblement. Tandis que la nature n'offre en amour, malgré ses séductions grossières ou raffinées, qu'une ombre fugitive, la religion possède en amour les promesses certaines d'une réalisation universelle et éternelle. C'est ce qu'il est urgent de divulguer. Au lieu de cela, par une inintelligence inconcevable, on édicte contre la théorie de l'amour un ostracisme fatal. On laisse croire que la religion réprouve l'amour même légitime, et qu'elle en ignore les ardeurs et les ravissements, alors qu'ils en sont l'âme. Prenons-y garde : la jeunesse que rebute ce rigorisme maladroit, bientôt vaincue par l'irrésistible besoin d'aimer et n'obéissant plus qu'à ses instincts et à sa méfiance, abandonne sans plus de façons et la foi et la morale, qu'elle juge incompatibles avec ses aspirations. En bannissant ou en réprouvant l'amour, tandis qu'il nous appartient de l'expliquer philosophiquement, nous cédons notre terrain au naturalisme et nous livrons les cœurs aux surprises des pires suggestions.

Non, nous n'avons pas essayé tous les moyens pour reconquérir la jeunesse. L'éducation chrétienne a trop longtemps ajourné l'enseignement des vérités qui sont seules peut-être susceptibles d'opposer aux jouissances matérielles, par la connaissance profonde des sublimes bonheurs, un antidote efficace. Non, nous n'avons pas produit — sur cette question du bonheur — la grandiose antithèse, dont l'amour vrai nous offre le thème incomparable et sympathique.

Réformons-nous. Dépouillons aussi les secrètes amertumes qui nous aigrissent, quand la compréhension supérieure de l'amour manque à notre religion personnelle et incomplète. Éclairés par les principes, nous rayonnerons alors la lumière, la joie, la vertu, la vie. Nos systèmes s'élargiront avec nos cœurs épanouis. Nous ramènerons à Dieu la jeunesse à travers les sentiers riants, qui seuls lui plaisent et qui doivent la conduire au bien par la foi au bonheur. — Le bonheur n'est pas la basse jouissance, c'est l'*amour vrai*.

IV

Serions-nous, du reste, sans entrailles? Verrions-nous sans pitié languir l'enfant gracieuse et touchante, qu'un sort cruel stérilise dans sa fleur? Que de femmes commencent à quinze ans la suite aride et sombre des matins sans rosée, des jours sans soleil! Combien on les consolerait par la dogmatique de l'amour, qui porte en ses enseignements l'espérance et la vertu! Vie dépouillée, solitude dangereuse, poignante infortune, entendez-vous gronder, en ces victimes, les eaux basses du désespoir? Encore un sanglot, et le cœur et les sens, exaspérés contre l'esprit qui ignore, descendent leur voie ténébreuse pour se venger tôt ou tard dans la révolte ou dans le vice. Prévenir cette heure fatale est pourtant possible.

Aurais-je tort d'affirmer qu'un grand nombre de jeunes filles et même de femmes sont destinées à ne pas connaître expérimentalement ici-bas les nobles joies de l'amour? Je ne le pense pas. N'y a-t-il pas en France beaucoup de femmes qui ne se marient pas ou qui, mariées sans attrait, ont le devoir de ne jamais connaître l'amour expérimental?

A vrai dire la statistique exacte et générale des vieilles filles nous manque. Nous n'avons pas couru après des chiffres assez précis, pour convaincre mathématiquement. Mais que chacun fasse son petit relevé personnel. On verra qu'un grand nombre de milieux fournissent, aux observateurs attentifs, des renseignements conformes à ceux que nous avons recueillis nous-mêmes, dans notre entourage.

Dès qu'on sort des classes populaires inférieures pour entrer dans la sphère plus ou moins modeste qui comprend les artisans et les petits bourgeois : au fur et à mesure qu'on s'élève, on découvre une quantité toujours croissante de vieilles filles.

La phalange augmente encore, si des couches pressées de la petite bourgeoisie où le mariage reste plus souvent possible, on monte de niveau en niveau jusqu'aux rangs supérieurs de la vieille aristocratie ruinée. Il existe à Paris et en province dans le personnel des servantes, des employées de toutes sortes, dans le corps enseignant et enfin dans les salons plus ou moins dédorés, un groupe considérable de femmes qui sont, par le fait de leur célibat, vouées à toutes les ignorances expérimentales du cœur. Parmi les femmes mariées, que de victimes du même genre viennent aussi confirmer nos tristes observations! Comptées, si elles pouvaient l'être, on ne saurait que trop, hélas! chiffres en main, combien est dérisoire le nombre des rares élues conviées au bien si désiré.

Sans examiner la question délicate et litigieuse des avantages de l'amour dans le mariage, sans rechercher ce qu'il y aurait de pratique ou de chimérique à se montrer, dans la détermination des unions, plus sentimental que sensé, quoi qu'il en soit des opinions contraires, la primauté de la raison en matière de mariage est dans nos mœurs, et il est certain que beaucoup de femmes mariées se voient privées d'avance, au nom même du devoir, des joies de l'amour légitimement et délibérément refusées. Cette situation nous invite à les armer contre le désespoir ou contre la tentation de l'inconnu. N'y sont-elles pas en butte? Observons plutôt à ce sujet comme nos romanciers assument légèrement de lourdes et graves responsabilités. Immoraux presque toujours, ils sont encore anti-philanthropes, car le plus clair résultat de leurs fictions paradisiaques, c'est de multiplier le supplice de Tantale. Et si nous revenons au mariage, fût-il noué par l'amour, qu'est-ce que l'amour à vingt ans et dans le monde? Une illusion parfois, souvent un entraînement physiologique irraisonné et bien étranger à l'attrait nécessaire des esprits, que dis-je? à l'union réelle, profonde, des cœurs. La satiété fatale menace de tels époux dans leur bonheur trop sensible, et l'amour lui-même, l'amour qui est fragile quand on n'en connaît pas l'essence divine et les principes directeurs, devient décevant et dangereux dans une possession déréglée. Oui, il est vrai que la théorie du droit au bonheur n'aboutit pas toujours. Malheur aux époux que la volupté plus ou moins inconsciente a seule associés pour la vie! Égarés à la poursuite de félicités fugitives, bientôt de nouveaux désirs les agitent, de nouvelles ardeurs les perdent.

Plus on réfléchit, plus les vérités philosophiques apparaissent comme les seuls refuges du bonheur parfait. Pratiquement insaisissable ici-bas, ce bonheur, réservé à l'éternité, ne prend apparence de consistance, plénitude, immutabilité sur la terre, que dans les hautes formules dogmatiques. Il faut les révéler.

La philosophie religieuse de l'amour rentre donc encore dans les programmes de l'éducation chrétienne, à titre de consolation supérieure sanctifiante et bénie, non moins qu'à titre de guide et de balancier. Il faut l'enseigner au nom de la foi, au nom de la morale et au nom de la charité.

V

Les mères et les Institutrices, avons-nous dit, ne sont arrêtées par de si vifs scrupules et n'ont, jusqu'ici, presque toujours négligé l'une des parties essentielles de l'éducation, que parce qu'elles manquent, relativement à l'amour et à ses lois, de notions positives.

Il y a, en général, chez les chrétiens et chez les philosophes indépendants, une conception de l'amour plus ou moins vague et contradictoire, qui se traduit ici par la pente à la licence, et là par la tendance à l'ostracisme. Ce double écart procède de ce que l'ordre naturel et l'ordre surnaturel, indestructibles l'un et l'autre et très influents en matière d'amour, ne sont pas sur ce thème rationnellement hiérarchisés. L'acceptation de leurs droits respectifs fait défaut dans les deux camps. Ou mystiques trop dédaigneux de la vie terrestre, ou naturalistes enchaînés à la matière, les hommes, dans leurs systèmes, penchent tour à tour vers des erreurs rivales. Ceux-ci, les naturalistes, lâchant la bride aux sens, cherchent à établir philosophiquement l'omnipotence de l'ordre naturel, et ceux-là, sourds aux droits légitimes de la nature, à cause de ces exclusives prétentions, — exclusifs eux-mêmes quoique en sens inverse, — prônent volontiers une espèce de surnaturalisme contre nature.

Tel n'est pas le plan divin : il y a partage ici-bas. L'homme, corps et âme, relève des deux ordres, de l'ordre naturel par son corps, et de l'ordre surnaturel par son âme. Il y a là une distinction et des droits trop souvent oubliés ou méconnus et qu'il importe de respecter, dès qu'on étudie sans parti pris les lois de l'amour : c'est ce que nous faisons.

Qu'est-ce donc que l'amour? — D'où vient-il? — Où va-t-il?

Questions profondes. Elles résument, à elles trois, la philosophie du cœur. — Je réponds : l'amour est la félicité suprême, universellement désirée, car c'est un sentiment qui donne l'illusion et comme la possession anticipée de l'infini. Venu de Dieu sur la terre, alors qu'il nous offre ici-bas — faveur magnifique — l'amour humain, sa loi le ramène à Dieu par l'élection de l'âme conviée là-haut à l'amour divin ou saint amour, comme dit la Religion, ou amour surnaturel.

Ainsi la dogmatique chrétienne fait découler l'amour de l'ordre surnaturel et l'y ramène, mais après une apparition dans ce monde où, subissant la loi générale des choses terrestres, il entre en contact avec l'ordre naturel. La part naturelle et temporaire de l'amour est donc aussi certaine, que son origine et sa fin surnaturelles sont incontestables. Dieu ne peut pas ne pas être à la base et au sommet, au point de départ et au point d'arrivée de la vie humaine.

Tout le monde n'est pas de cet avis. Les naturalistes, bien entendu, totalisent l'amour dans sa seule manifestation d'ordre naturel. Pour eux, détaché de sa cause et de sa fin, il se réduit à la sensation. C'est leur thèse. Je ne la discute pas. Nous recherchons nos propres erreurs, nous faisons ici notre *meâ culpâ* et non le procès d'autrui. Ce que j'attaque, c'est cette sorte de surnaturalisme réactionnaire et fautif dont nous sommes entachés lorsque nous nous refusons à honorer l'amour dans la manifestation humaine qui admet l'élément naturel et où la sensation a légitimement son rôle dans le mariage, source de la race.

Dieu se proposait un double but lorsqu'il fit tomber sur la terre une étincelle du feu céleste : Il voulait donner à l'humanité un éclair du bonheur complet, et dans cet éclair un symbole entrevu mais magistral de la félicité infinie.

Après avoir créé l'univers, il acheva son œuvre en épanouissant au soleil de l'amour les cœurs très purs de nos premiers parents. Voilà l'origine primordiale et divine de l'amour. — Sans la chute l'amour, astre du cœur, aurait rempli de sa chaude lumière les jours, sans nuage, de tous les hommes. Depuis la chute : rare, vacillant, obscurci du côté de la terre, il brille néanmoins de feux immuables, mais seulement du côté du ciel, par la valeur symbolique que la sainte Écriture nous signale.

« Elle transporte, en effet, selon le beau langage de Lacordaire, à l'union de Jésus-Christ avec l'Église, les images et les expressions par où se peint et se définit ici-bas la plus douce, la plus forte, la plus étroite, la plus sacrée des étreintes humaines, l'union de l'homme et de la femme dans l'indissolubilité du nœud nuptial. »

Grande est la valeur du symbolisme, tiré de l'amour. Il légitime la place faite par la nouvelle éducation à cette thèse importante, car il fournit au cœur une leçon profonde et la plus capable aujourd'hui de ramener les âmes au culte oublié du saint amour.

Mais pour dégager ce symbolisme révélateur, il est nécessaire de creuser quelque peu notre sujet.

Une idée principale domine la dogmatique de l'amour : elle consiste dans la distinction que, sans briser d'ailleurs l'unité du thème, il convient d'établir nettement sur les deux formules adoptées, l'une caractérisant l'amour naturel, l'autre l'amour surnaturel.

Tout est amour, dans le plan de Dieu. La Trinité forme un amour; le mariage, trinité humaine imitée de la Trinité divine, forme un autre amour:

l'union de la Trinité et de l'Église, engendrant à jamais la béatitude céleste, est la consommation de tous les amours distincts, lesquels sont divers dans le temps, mais un pour l'éternité.

Le premier et le dernier de ces amours appartiennent à l'ordre purement surnaturel; seul le second, celui qui unit l'homme et la femme dans le mariage, se relie à l'ordre naturel par un phénomène d'ailleurs très normal, tout en demeurant surnaturel par le but final qu'il vise. — L'amour, en effet, suppose l'union totale de deux êtres qui s'aiment. S'il unit de purs esprits, il est total en restant purement spirituel; s'il unit des esprits revêtus de corps, ce qui a lieu pour l'homme et la femme, il n'est total qu'avec la participation corporelle. Cette condition remplie, bien que l'amour soit toujours d'essense surnaturelle par son origine ainsi que par sa fin, les différences qui distinguent l'amour conjugal terrestre de l'amour béatifié au ciel, nomment celui-là par opposition amour naturel et laissent à celui-ci le nom privilégié d'amour surnaturel.

Sous les apparences d'une subtilité peut-être excessive, les définitions de l'amour ainsi analysé sont nécessaires à l'intelligence du sujet.

Nous avons à démontrer que dans les conditions providentielles de la vie présente, l'amour naturel est en quelque sorte le véhicule nécessaire qui porte à l'amour surnaturel.

L'amour naturel possède, en effet, une force qui prime généralement ici-bas, dans la plupart des âmes, les attraits de l'amour surnaturel. Comment expliquer ce phénomène et comment dominer ses puissantes séductions?

Puisque l'amour surnaturel est d'une valeur si supérieure et entraîne une félicité si incomparable, comment se fait-il que les chrétiens qui croient à cet amour lui préfèrent trop souvent l'amour naturel? Cela tient, entre autres causes, à ce que les deux amours ne sont pas, dans leur esprit, scientifiquement hiérarchisés.

Poursuivons notre analyse; peut-être nous aidera-t-elle à coordonner rationnellement le double sentiment, dont nous devons régler la subordination. J'avoue du reste volontiers que les pièges de la nature déchue sont ici merveilleusement agencés.

L'amour naturel consomme seul ici-bas l'union totale des êtres qui s'aiment, attendu que ces êtres sont revêtus d'un corps et que la sensation, dans l'amour naturel, fait participer la chair aux noces humaines, nous donnant ainsi ce que j'ai appelé l'illusion de l'infini parce qu'il contente toutes nos puissances. L'amour surnaturel, au contraire, avec sa plénitude réservée aux purs esprits, trouve dans la chair un obstacle, qui non seulement l'entame, mais trop souvent le combat. Il n'est pas et ne saurait être, actuellement, un bien total.

Voilà ce qui entretient dans la faveur des hommes, même croyants, la primauté séductrice de l'amour naturel. Mais voilà d'autre part aussi ce qui pourra nous assister dans la mission délicate qui nous incombe d'élever la jeunesse jusqu'à l'amour surnaturel.

Utilisant la manifestation de l'amour naturel à titre symbolique, nous montrons dans sa totalité un type de l'union complète des êtres, et nous exploitons au profit de l'amour surnaturel ce type révélateur suggestif qu'aucun autre phénomène humain n'égale.

Nous admettons donc la primauté momentanée de l'amour naturel, considéré sous le rapport de sa totalité, mais avec les réserves résultant de l'élément sensationnel qu'il renferme. Si, en effet, l'amour surnaturel entamé et combattu par la chair ne prime pas sous le rapport de la totalité actuelle, il prime toutefois dans les hautes sphères de l'*absolu*, dès qu'un parallèle approfondi compare entre eux les éléments constitutifs des deux amours et les hiérarchise rationnellement. La pure spiritualité de l'amour surnaturel le classe scientifiquement au-dessus de l'amour naturel, car ce dernier, uni à la matière, reste inférieur. — Voilà ce qu'il faut enseigner.

Il n'y a pas aujourd'hui de rechristianisation possible, c'est-à-dire pas d'acheminement déterminé vers l'amour surnaturel, pour les éducateurs qui se refuseraient à l'analyse philosophique de l'amour et à ses conséquences. Au nom de celles-ci, j'invite nos chères Institutrices à saluer sincèrement l'amour dans sa manifestation d'ordre naturel, et à ne pas dédaigner l'appui qu'il leur offre à titre symbolique.

Oui, chères Institutrices, ne blasphémez jamais l'amour naturel. Instruites et adroites, chaque fois que vous en rencontrerez le beau reflet chez les hommes, ou dans la poésie, ou dans les arts, souvenez-vous qu'il émane du ciel et offrez-lui l'encens de vos cœurs. Vous acquerrez ainsi l'autorité par la sympathie et par la vérité. Votre enseignement dissipera les ombres, qui enveloppent les lois peu connues de l'amour. En les divulguant, vous affermirez les âmes dans le détachement, dans la morale et dans la Religion.

Du reste, qu'enseigne donc une si hardie philosophie, sinon que les réalités parfaites demeurent inaccessibles et que l'idéal n'a pas d'équivalent concret sur la terre? Grande et forte

demeurera néanmoins la poésie de l'amour naturel, car son évocation vivifiante est capable d'in-
cliner spontanément les cœurs généreux vers les
sources sacrées du surnaturel amour.

Depuis qu'Adam et Ève, oublieux de Dieu, ont
été chassés de l'Éden, aucun couple n'a respiré,
dans sa plénitude immuable, les parfums exquis
de l'amour primitif. Quand les effluves en descendent encore sur de rares élus, l'orage de la
passion humaine dissipe, hélas! trop vite l'insaisissable essence.

Jeunesse! jeunesse! qu'est-ce que l'amour
sous sa forme terrestre, si rare et si éphémère?
— Une ombre. Cette ombre apparaît à vos yeux,
pleins de rayons, comme ce qu'il y a de plus beau
ici-bas. Vous le croyez, du moins, et vous faites
bien, car cette ombre, semblable à un nuage
fugitif et changeant, passe en esquissant en de
nobles images les traits divins des divines félicités.

La Religion ne condamne pas l'amour naturel :
que l'éducation ne le supprime donc pas! Qu'elle
l'ennoblisse, qu'elle l'élève vers le ciel, qu'elle
en fasse le bégaiement terrestre des hymnes
sublimes d'amour surnaturel qui retentiront dans
l'éternité! N'est-ce pas, d'ailleurs, ce que la Bible
nous enseigne dans les inénarrables pages du
Cantique des Cantiques?

Je me résume.

Ce que je cherche uniquement à établir, c'est qu'il y a d'une part nécessité de ramener la jeunesse au culte du divin amour, pour restaurer dans les âmes le bonheur et la vertu ; d'autre part, nécessité de rendre hommage à l'amour humain, car le visible sert à atteindre l'invisible ; enfin que l'ascension du visible vers l'invisible, l'ascension de l'amour naturel vers l'amour surnaturel, demande à être indiquée durant la période éducatrice. L'enseignement théorique des lois de l'amour, phare et boussole du cœur, est obligatoire, attendu que les leçons de l'expérience individuelle en amour ou bien manquent pendant toute la vie, ou bien souvent égarent à jamais.

VI

Vous êtes invitées, chères Institutrices, à enseigner une dogmatique de l'amour, d'après les grandes lignes indiquées dans cette rapide esquisse. Celle-ci, forcément incomplète, — de tels sujets sont des mondes ! — gagnera, ce me semble, à être encore éclairée de quelque lumière.

Préciser, en dernière analyse, ce que nous avons appelé l'amour surnaturel, ne sera pas inutile. A cet effet, veuillez bien, je vous prie, suivre encore avec moi les détours, sans doute un peu compliqués, qu'il nous reste à parcourir. Récompensées de nos efforts, nous constaterons finalement que l'amour surnaturel, d'ailleurs réservé à l'éternité, pour agir dans toute sa plénitude, brûle cependant exceptionnellement ici-bas au cœur des prédestinés.

Les Eudore et les Cymodocée de tous les temps ne l'attestent-ils pas? — C'est ce que nous allons voir.

Recherchons donc à quel ordre de sentiments appartiennent les belles unions intellectuelles et morales que l'Église a vues depuis régner, son berceau jusqu'à maintenant, entre les Saints et les Saintes. — Est-ce de l'amour? Est-ce de l'amitié?

C'est de l'amitié, disent ceux-ci, et notamment Lacordaire; c'est de l'amour, disent ceux-là, et notamment Monseigneur Bougaud, grandes autorités l'un et l'autre.

Mû par une suprême délicatesse qui honore singulièrement son âme auguste, l'austère religieux, dans un poème célèbre, n'a pas nommé l'amour, « amour »; il l'a nommé « amitié ». Il a bien fait. Les profanations séculaires, que de honteuses déviations accumulent sur le plus beau mot de la langue humaine, ont arrêté ses lèvres sacerdotales : c'est pourquoi il a voulu rebaptiser l'impie en nommant « amitié » ce que d'autres appellent « amour ». Je l'en remercie et l'en loue, car je prise les témoignages de haut respect. Mais si, d'autre part, Monseigneur Bougaud, emporté par une sainte hardiesse, appelle « amour » ce que Lacordaire, retenu par une crainte exquise, appelle « amitié », la pensée de ces deux grands hommes s'égale sous la diversité des termes. Je ramène le différend à une question grammaticale, et je signale celle-ci à l'attention des éducateurs à cause de ses rapports avec la dogmatique de l'amour.

Nous avons tout intérêt à occuper grammaticâlement les positions philosophiques qui nous appartiennent et dont le matérialisme s'efforce trop librement de nous déposséder. Il est nécessaire, en éducation, de nommer franchement « amour » et non « amitié » ce qui n'est pas de l'amitié, mais de l'amour.

De ce que les hommes, usant et abusant en masse des dons divins, ont corrompu le plus sublime d'entre eux, l'amour, je ne vois pas pourquoi leurs sacrilèges accapareraient la valeur du mot, alors que sa vaste et noble signification relève bien davantage de l'esprit et du cœur que des sens.

Quand les Saints et les Saintes s'unissent d'affection, pour enfanter à la gloire de Dieu des œuvres magnifiques et des vertus plus magnifiques encore; quand l'histoire charmée voit défiler les couples illustres des Paule et des Jérôme, des Claire et des François d'Assise, des Jeanne de Chantal et des François de Sales, des Vincent de Paul et des Louise de Marillac; quand le cortège des éminents serviteurs et servantes de l'Église s'achemine, deux à deux, à travers les âges vers le ciel; quand les âmes sanctifiées, appuyées mutuellement l'une sur l'autre, volent de cime en cime sur les ailes de la tendresse et de l'héroïsme, — l'attachement créateur et *renoncé* qui les lie en Dieu n'est pas de l'amitié, c'est de l'amour et du plus beau, puisqu'il en a la magnifique fécondité.

Douter que ces saints attachements soient de l'amour est à la fois une erreur et une faute; c'est nier l'action de la grâce sanctifiante, alors qu'elle s'épanouit au contraire divinement, quand l'amour restreint ses feux au pur foyer des esprits; c'est méconnaître un religieux miracle, dont les mémorables et saisissants exemples attestent et multiplient, au sein de l'Église, le grand événement des surnaturelles amours.

Pourquoi substituer le mot « amitié », terme impropre, au mot « amour », terme propre, lorsqu'on rencontre, chez de trop rares élus, une union intellectuelle et morale des sexes complètement étrangère aux sens et créatrice de vertus transcendantes? Cette substitution de termes entraîne une équivoque maladroite et dangereuse; elle trouble les idées et quelquefois égare les cœurs. Elle les rejette vers les sens, en leur faisant croire faussement que le lien de l'amour ne saurait jamais avoir le caractère virginal qui, remarquez-le, a contenté si magnifiquement l'élite du genre humain.

L'amitié est un sentiment, l'amour en est un autre. Assez beaux d'essence pour ne se rien emprunter, ils veulent tous deux posséder nos cœurs et ils le peuvent; mais ils occupent chacun leur place distincte — et l'amour est au premier rang. L'amitié a son charme, sa force. Elle peut indifféremment exister dans l'unité ou dans la diversité des sexes; toutefois, elle reste dans l'un et dans l'autre cas d'ordre secondaire. — La jeunesse ne s'y trompe pas.

Quand l'attachement suprême enveloppe des vies vierges d'hommes et de femmes et exalte leur vertu surnaturellement assistée de la grâce : confondre philosophiquement l'amour avec l'amitié, sous prétexte que l'union plane ici dans des régions idéales, c'est s'attaquer à l'indestructible hiérarchie des sentiments. Cette faute grave, l'éducation chrétienne approfondie ne doit pas la commettre, si elle veut user de toutes les ressources que la vérité offre à la morale contre les passions, et ouvrir aux natures d'élite l'accès des larges voies.

Je vous invite, chères Institutrices, à rentrer dans l'exactitude grammaticale qui explique en philosophie, en morale, en religion, l'un des plus délicats et des plus beaux mystères du cœur humain. Partez de ce principe : le mot « amitié », même dans la diversité des sexes, exclut tout rapport avec l'idée de sexe, tandis que le mot « amour » l'impose, même entre les âmes. Retenez bien surtout que la suppression des sens, en amour, quand l'amour tout religieux est purement intellectuel et moral, n'atténue pas la valeur philosophique du langage. Rigoureusement, la signification intégrale du mot « amour » enveloppe l'union de l'homme et de la femme, réalisée sous le triple rapport du cœur, de l'esprit et du corps. Nul ne le conteste. Mais remarquez bien ceci : l'accord pratique total du fait et du langage ne se voit pas toujours en amour. Dans certains cas, il y a annihilation ou de l'esprit ou du corps; cette annihilation se produit quand le sentiment, qui demeure du reste le moteur de l'amour, se tourne exclusivement soit du côté du corps, soit du côté de l'esprit. Lorsque c'est vers les sens que tourne le sentiment, l'usage n'hésite pas à maintenir le terme trilogique, bien qu'il qualifie une simple dualité. Pourquoi n'en serait-il pas ainsi, quand le sentiment se porte au contraire tout entier du côté de l'esprit? Qu'est-ce qui prouve que l'amour spiritualisé perd ses droits, au profit de l'amour matérialisé?...

L'opinion arbitraire des esprits grossiers, voilà la seule autorité.

Le spiritualisme revendique l'application grammaticale.

A l'amour que nous avons appelé « naturel », il oppose l'amour que nous nommons « surnaturel ». Alléguera-t-on que celui-ci n'existe pas? — C'est un faux-fuyant, je le récuse. — Il existe, l'Histoire des Saints en fait foi. Donc en amour, chez les spiritualistes purs et chez les purs matérialistes, le sens du mot subit la soustraction de l'un de ses éléments, d'où il suit que les prétentions relatives au mot « amour » s'égalent en droit, de part et d'autre.

Il y a lieu de s'inscrire en faux, contre l'usage abusif qui l'accapare au profit des basses passions et voudrait ainsi investir la matière d'un monopole unique.

A-t-on jamais parlé de l'amour des bêtes?...

La dispute grammaticale n'a d'ailleurs rien de puéril : les conséquences sont des plus graves. Avec la libre usurpation du matérialisme, le spiritualisme abdiquerait bénévolement. Cette abdication déplorable, les Institutrices chrétiennes la favorisent à leur insu, chaque fois qu'elles ne sont pas fixées philosophiquement, et par conséquent grammaticalement, sur les prérogatives spirituelles de l'amour.

Or, les voici :

Quand le sentiment élève la tendresse réciproque du chrétien et de la chrétienne, jusqu'aux sommets spirituels et incline les affections et les intelligences dégagées des sens, vers le renoncement et l'actif apostolat : l'union des Saints est scellée par un trait d'élection rare, qui peut être aussi de l'amitié mais bien plus souvent de l'amour. Elle reproduit l'archétype de l'amour virginal, illuminant le monde dans Joseph et Marie, ce couple auguste en qui Dieu a restauré les noces innocentes des esprits. La grâce, souveraine maîtresse des sens, béatifie en Marie et Joseph le bien exquis de l'amour surnaturel, et nul ne l'appelle « amitié », mais tous, à genoux, le nomment « amour ».

Écoutez Bossuet :

« Qui pourrait maintenant vous dire, s'écrie-t-il, quel devait être l'amour conjugal de ces bienheureux mariés? Car, ô sainte Virginité, vos flammes sont d'autant plus fortes qu'elles sont plus pures et plus dégagées; et le feu de la convoitise qui est allumé dans nos corps ne peut jamais égaler l'ardeur des chastes embrassements des esprits, que l'amour de la pureté lie ensemble![1] »

On n'est pas plus explicite.

Que nous enseigne ce miracle? Que l'invincible besoin d'aimer vit au fond de nous-mêmes, en vertu d'un double droit, tout à la fois naturel et surnaturel; qu'il est contraire à la vérité de nier chez les Saints un bien sublime, dont la connaissance est susceptible d'élever très haut l'âme humaine.

Je ne demande pas, remarquez-le d'ailleurs, que l'éducation initie intempestivement la jeunesse à ces secrets délicats de la vérité. La masse des hommes traverse la vie sans lever les yeux; la terre suffit au plus grand nombre[2]. Pourquoi troubler les satisfaits honnêtes? Laissons en paix la majorité sereine, mais pacifions l'exception

1. *Panégyrique de saint Joseph.*
2. *Animalis homo non percipit...* (Saint Paul. *1re Épître aux Corinthiens*, 15, 2, V. 14.)

inquiète. Dans ce but, assurons-nous la solution des problèmes supérieurs. Parmi la multitude, nous rencontrons l'élite. Notre responsabilité s'étend du médiocre à l'excellent et celui-ci ne saurait passer pour une quantité négligeable. Plantes rares, les grandes âmes pour nous livrer des fleurs plus belles et des parfums plus doux, réclament des soins plus précieux, une culture plus profonde.

Non, sans la connaissance du mystère de l'amour, de ses origines, de sa fin, de ses diverses manifestations temporelles avant et après la chute de l'homme, l'éducation développée est impossible; et cette connaissance ne peut pas rayonner librement avec la substitution équivoque du mot « amitié » au mot « amour ». — C'est ce qu'il fallait établir.

Je termine en vous rappelant, chères Maîtresses, les vérités fondamentales qui éclairent la question tout entière :

L'amour éternel vit, dans l'inénarrable mystère de la Trinité. Il s'est reproduit chez nos premiers parents, réalisant trop fugitivement, hélas! au paradis terrestre, l'amour parfait de l'époux et de l'épouse, source du genre humain. Il existera ce saint amour, à la consommation des siècles, entre Dieu et l'Église, pour la béatitude infinie du ciel.

En attendant, depuis la chute, la solidarité du péché originel n'apporte plus aux générations humaines qu'un amour entamé. Brisé dans son intégrité : ou bien l'amour penche vers le sensualisme — c'est la sanglante blessure faite au mariage par *le sens réprouvé*; ou bien, il se détourne des sens et s'élève aux régions pures de l'idéal — c'est la félicité des vierges, c'est aussi la récompense des époux chrétiens.

Mais l'amour a ses racines dans les profondeurs mêmes de notre nature. C'est là ce qui nous invite à en satisfaire les aspirations. Invincibles, sachons-le bien, elles ne portent si exclusivement la jeunesse du côté de l'amour naturel que parce que l'amour surnaturel n'ose pas proclamer noblement ses droits.

Vous êtes-vous jamais demandé, éducateurs et éducatrices, penseurs chrétiens, apôtres, pourquoi l'Église avait développé, envers la sainte humanité de Notre Seigneur et envers la Vierge Marie, le double culte qui, depuis dix-huit siècles, soutient les âmes chastes?

La religion catholique, hautement philosophique, répond par ces cultes sacrés au double besoin d'amour et de vertu, qui gouverne les élus. La science objective connaît, accepte et respecte le plan de Dieu, tel qu'il est. Les institutions le consacrent, le servent et s'en servent. Ainsi la loi des sexes et ses pieux mystères mènent à la grande sainteté, tant il est vrai, selon la parole de l'Écriture, que toutes choses concourent au bien de ceux qui aiment Dieu.

Les sacrifices d'une carmélite, fruits admirables de la Croix, ne puisent-ils pas leur aliment à la source rafraîchissante du cœur? Que savons-nous si le culte de Jésus-Christ chastement aimé dans sa « sainte humanité », selon la belle expression de sainte Thérèse, n'est pas chez ces pieuses filles l'instigateur suprême des suprêmes vertus? — Que savons-nous également, sur les causes profondes de l'héroïsme sacerdotal? Pourquoi tel prêtre, enseveli dans un hameau perdu, ouvre-t-il en son cœur solitaire un tabernacle à Marie? Pourquoi tel religieux attache-t-il aux tristes murs de sa cellule l'image vénérée de la douce Vierge?...

Pourquoi? pourquoi? — O philosophisme, que ta science est courte !

O Dieu, que votre charité est grande, adorable et adorée !

TROISIÈME PARTIE

Nos programmes. — Leur justification.

PLAN GÉNÉRAL DES CINQ ANNÉES SCOLAIRES

ENSEIGNEMENT POSITIF
(DEUX ANNÉES)

PREMIÈRE ANNÉE : **Rhétorique A.**
DEUXIÈME ANNÉE : **Rhétorique B.**

ENSEIGNEMENT POSITIF ET CRITIQUE
(TROIS ANNÉES)

PREMIÈRE ANNÉE : **Hautes études.**
DEUXIÈME ANNÉE : **Hautes études.**
TROISIÈME ANNÉE : **Hautes études.**

ENSEIGNEMENT POSITIF
PREMIÈRE ANNÉE

Rhétorique A.

Revision historique générale jusqu'en 814 ; géographie correspondante.

Cours supérieur de grammaire française.

Littératures anciennes.

Les beaux-arts dans l'antiquité.

Sciences naturelles.

Langues : allemand et latin, pour les institutrices des garçons ; allemand et anglais, pour celles des filles.

Lectures commentées.

Auteurs :

DURUY : *Histoire grecque, Histoire romaine (fragments).*

AMPÈRE : *Histoire romaine à Rome.*

MASPÉRO : *Histoire des peuples anciens.*

FUSTEL DE COULANGES : *La cité antique.*

BOSSUET : *Discours sur l'histoire universelle.*

FREPPEL : *Origène.*

BOUGAUD : *Sainte Monique.*

SAINT AUGUSTIN : *Confessions.*

PLOTIN : *Vie de sainte Marcelle.*

SAINT JÉROME : *Lettres choisies.*

OZANAM : *la Civilisation au Ve siècle ; Études germaniques.*

MONTALEMBERT : *Moines d'Occident.*

QUATREFAGES : *Darwin et ses précurseurs français ; L'espèce humaine.*

NADAILHAC : *Le problème de la vie.*

DEUXIÈME ANNÉE

Rhétorique B.

Histoire générale de 814 à 1789 ; géographie correspondante.

Littérature : Renaissance ; XVIIe siècle.

Religion.

Beaux-Arts : Renaissance.

Sciences naturelles.

Langues : suite de l'année précédente.

Lectures commentées.

Auteurs :

LAVISSE et RAMBAUD : *Histoire générale du IVe siècle à nos jours.*

DARRAS : *Histoire de l'Église (abrégée)*.

HANOTAUX : *Histoire du Cardinal de Richelieu*.

DANTE : *la Divine Comédie*.

OZANAM : *Dante et la philosophie catholique au XIIIᵉ siècle*.

CHAUVIN et LE BIDOIS : *La littérature française par les critiques contemporains, avec lectures fragmentaires d'après le choix indiqué*.

PASCAL : *Pensées*.

BEAUSSET : *Vie de Bossuet; Vie de Fénelon*.

BOSSUET : *Exposition de la foi catholique; Histoire des variations*.

FÉNELON : *Lettres spirituelles*.

LE MONNIER : *Vie de Saint François d'Assise*.

BOUGAUD : *Saint Vincent de Paul; Sainte Chantal*.

FAILLON : *Vie de M. Olier*.

DUPANLOUP : *Femmes savantes; Femmes studieuses; Lettres sur l'éducation des filles*.

LAGRANGE : *Vie de monseigneur Dupanloup*.

BAYET : *Précis de l'histoire de l'art*.

LAPPARENT : *Traité de géologie (tome I seulement); Les phénomènes actuels*.

E. PERRIER : *La philosophie zoologique avant Darwin*.

ENSEIGNEMENT POSITIF ET CRITIQUE

Hautes études.

PREMIÈRE ANNÉE

Histoire universelle de 1789 à 1889; géographie correspondante.

Histoire et littérature du XIXᵉ siècle.

Beaux-Arts. Esthétique.

Religion.

Langues.

Lectures commentées.

Auteurs :

MICHELET : *Histoire de France* (fragments).

TAINE : *l'Ancien régime.*

LAMARTINE : *les Girondins.*

THIERS : *le Consulat et l'Empire.*

JOSEPH DE MAISTRE : *le Pape.*

CHATEAUBRIAND : *le Génie du Christianisme; les Martyrs.*

MADAME DE STAËL : *l'Allemagne.*

SAINTE-BEUVE : *Extraits de son œuvre critique.*

JOUFFROY : *Cours d'esthétique.*

LAMENNAIS : *De l'Art et du Beau.*

CHARLES LÉVÊQUE : *la Science du Beau.*

FOISSET : *Vie de Lacordaire.*

LACORDAIRE : *Conférences.*

SAINT FRANÇOIS DE SALES : *Introduction à la vie dévote.*

GAY : *les Vertus chrétiennes.*

Hautes études.

DEUXIÈME ANNÉE.

Philosophie.

Sciences politiques.

Littérature.

Beaux-Arts.

Critique religieuse.

Lectures commentées.

Auteurs :

PAUL JANET : *Cours abrégé de philosophie considérée dans toutes ses branches.*

A. NICOLAS : *Études philosophiques sur le Christianisme.*

LAMENNAIS : *Essai sur l'indifférence en matière de religion* (1er volume seulement).

MONTESQUIEU : *Esprit des lois* (fragments extraits du 1er volume).

TOCQUEVILLE : *De la démocratie en Amérique* (fragments extraits du 3e volume).

LEROY-BEAULIEU : *Études sociales* (choix).

LAMARTINE : *Extraits de toute son œuvre poétique.*

VICTOR HUGO : *Extraits de toute son œuvre poétique, littéraire, dramatique.*

ALFRED DE MUSSET : *Fragments choisis de ses poésies.*

GEORGE SAND : *Extraits des « Pages choisies des grands écrivains [1] ».*

BALZAC : *Extraits des « Pages choisies des grands écrivains ».*

RENAN : *Vie de Jésus* (fragments). *Souvenirs de jeunesse.*

FRÉMONT : *la Divinité de Jésus-Christ et la Libre Pensée; Jésus-Christ attendu et prophétisé.*

DIDIOT : *Cours français de théologie.*

D'HULST : *Conférences de Notre-Dame.*

DIDON : *Jésus-Christ.*

Hautes études.

TROISIÈME ANNÉE

Études par les cours publics de l'enseignement supérieur.

Études des arts dans les œuvres des maitres en peinture et en musique.

Lectures commentées.

FRÉMONT : *les Principes* (Étude méthodique et approfondie de tout cet ouvrage).

Cette dernière année se passera à Paris. On suivra les cours du Collège de France et de la Sorbonne. On entendra les conférenciers célèbres, les grands prédicateurs de l'époque. On assistera à quelques belles représentations du Théâtre-Français; à quelques auditions musicales, opéra ou concerts.

1. *Lectures littéraires :* Pages choisies des grands écrivains. Armand Colin, éditeur. — Cette publication, très complète, fournira de précieux matériaux à la bibliothèque d'étude des élèves-institutrices.

Une riche et vaste bibliothèque pourvoira aux lectures prochaines de nos Institutrices et leur offrira tous les ouvrages remarquables, parus ou à paraître, qui sont l'honneur de la pensée contemporaine. Nous ne pouvons ouvrir ici les colonnes de cet immense catalogue. Déjà, pour ne pas surcharger les programmes d'étude, nous avons beaucoup réduit notre premier choix. Remarquons en dernier lieu que celui-ci, passible de modifications éventuelles, tend seulement à renseigner le lecteur sur l'esprit général de notre œuvre.

JUSTIFICATION DES PROGRAMMES

I

Soumis au sort commun de toute nouveauté, nos programmes soulèveront, sans doute, des objections. L'expérience prononcera. Néanmoins l'auteur se propose d'énumérer rapidement les plus probables et d'y répondre aussitôt.

Tout d'abord, dira-t-on, pourquoi refaire les programmes de l'enseignement supérieur? Puisque les *Dames du Préceptorat chrétien* passeront leur dernière année scolaire à Paris, où leur Institut aura une installation, pourquoi ne pas les y établir uniquement? Là, au foyer de la vie intellectuelle, les maîtres de la science et du talent parlent avec éclat dans les chaires publiques. A la Sorbonne ou au Collège de France, on reçoit librement les leçons les plus autorisées. Des cours fameux attirent la jeunesse studieuse; pourquoi n'user de ces avantages distingués que pendant une seule année sur cinq et non pas durant les cinq années tout entières? Un corps professoral indépendant, si capable qu'il soit, n'égalera ni en savoir ni en talent les hautes célébrités dont s'honore l'Université française.

Je réponds :

Trois considérations déterminantes tirées d'une raison de santé, d'une raison d'ordre, et d'une raison de principes, nous imposent une méthode particulière.

Suivre exclusivement les cours de la Sorbonne et du Collège de France, et fixer définitivement pour cela notre tente à Paris, serait tout à la fois abandonner l'existence hygiénique, renoncer aux études d'ensemble, trahir le but même de notre œuvre.

Je n'insiste pas sur le côté sanitaire ni sur les avantages d'une résidence à la campagne. L'espace, le bon air, l'exercice facile, sont des

agents bienfaisants, sans lesquels la jeunesse destinée à l'enseignement et appliquée à des travaux
assidus s'étiole et s'épuise. Tout le monde en
tombe d'accord. N'envisagerait-on que ce point
de vue, dès qu'avec la parole écrite on peut d'ailleurs suppléer à la parole parlée, la raison de
santé prévaudrait à nos yeux contre tous les
avantages réunis de la Sorbonne et du Collège de
France. A quoi bon le savoir, quand la faiblesse
organique, au prix de laquelle on l'acquiert,
laisse pour longtemps, pour toujours quelquefois,
l'activité ruinée? Trop d'Institutrices malades circulent en France. Il faut en faire désormais de
valides et de robustes.

Aussi bien : l'enseignement officiel de la Sorbonne et du Collège de France ne présente pas
les caractères d'ordre, de suite et d'ensemble que
nous recherchons. Il procède par voie fragmentaire et érudite, convient de ce chef aux savants
et aux dilettanti, mais ne remplace pas les
cadres méthodiques auxquels un corps professoral doit demander des connaissances générales.
M. Guizot, par exemple, pour ne citer que lui,
étudiant pendant de nombreuses années les drames
de Shakespeare, si nourrie et si agréable que
fût son élégante parole, entraînait les études littéraires dans un genre fort goûté de son audi-

toire, savant ou mondain, mais l'illustre maître, imité alors et depuis par beaucoup d'autres, adoptait un plan fait pour un public particulier et qui ne saurait nous convenir.

Le conférencier spécialiste actuel dissèque avec minutie les fibres ténues de sujets étroitement circonscrits. Ramassant les faits, accumulant les nomenclatures, trop ami du bibelot scientifique, on sacrifie presque partout aux habitudes de brocantage si en vogue à notre époque. Que l'érudition ou le dilettantisme y trouvent leur compte, c'est tout naturel ; mais comment voudrait-on que nos Institutrices, en quête d'une instruction générale, puissent l'acquérir ainsi par la méthode de l'érudition fragmentaire, qui gouverne presque sans exception le haut enseignement officiel? — C'est impossible.

Enfin, la direction commune des maîtres de l'intelligence n'est-elle pas en opposition déclarée avec le but qui inspire tout notre système d'éducation? — Là est surtout pour nous l'obstacle. L'enseignement officiel, ou bien évite volontairement les questions de principes — elles sont la base et le couronnement du nôtre; — ou bien, quand il les aborde, les tranche contre nous par le parti pris et l'arbitraire. Avec la neutralité en pavillon et le blocus décrété du christianisme, comme un navire à l'ancre sur l'océan barré, l'enseignement officiel ne peut trop souvent qu'osciller sur place. C'est pourquoi il promène la curiosité publique, dans un cercle de détails marqués au coin de la plus haute érudition, sans doute, mais combien futiles, combien indifférents, détachés qu'ils sont de la grande synthèse des choses. L'individualisme éclectique, la négation destructive ou la fausse tolérance éloignent des chaires publiques les conclusions positives et bannissent forcément celles qui serviraient le Christianisme. Comment donc l'enseignement officiel, presque totalement inféodé aux analyses de détail, satisferait-il une école attachée précisément à la méthode inverse?

Nous n'enseignons, nous, que *pour conclure*, et nous ne concluons qu'avec l'Église. Inquiets de la disparition des principes, convaincus que leur infusion nouvelle dans les esprits est impraticable aujourd'hui par les seuls moyens catéchistiques, nous ne saurions nous contenter d'adjoindre aux programmes universitaires une théorie détachée du Christianisme. La vérité philosophique fait partie intégrante de toutes les branches du savoir. Elle ne saurait en être séparée.

Tels sont les motifs qui ne nous ont pas permis d'utiliser fidèlement les ressources universitaires.

Nos élèves-institutrices suivront les cours publics une année, seulement à la fin de leurs études. Guidées alors par des principes admis, suffisamment pourvues de connaissances générales, bien développées physiquement par la vie à la campagne, elles viendront demander à la Sorbonne *la note moderne*. Elles y apprendront à régler l'absolu sur le relatif, science rare et de plus en plus nécessaire aux succès apostoliques.

·II

D'autres lecteurs discuteront sans doute nos études critiques : « Que viennent faire Michelet, Renan, George Sand, Balzac, dans un programme d'Institutrices chrétiennes? »...

Je vais essayer de l'indiquer.

Examinons d'abord les études critiques, par rapport au mode d'emploi. — Nous divisons, on s'en souvient, l'enseignement supérieur en deux parties : la partie positive, la partie critique; et l'enseignement chez nous ne commence, même dans les programmes supérieurs, qu'après deux ans d'études positives, celles-ci étant considérées comme la base nécessaire de celles-là.

« Les inconvénients d'un appel prématuré à la

raison personnelle, a dit le père Didon[1], sont graves. L'esprit a, comme le corps, sa loi normale de développement; et l'on ne peut, sans péril pour la santé physique, mettre en activité le cerveau de l'enfant avant l'âge; on ne peut non plus, sans péril pour l'hygiène de l'esprit, exercer trop tôt les facultés métaphysiques et rationnelles. »

C'est ce que pensent nos voisins d'outre-Rhin. Leur force intellectuelle n'est pas seulement un don de race, un fait de structure physiologique. Elle s'entretient et se développe par le système national d'éducation, lequel impose l'enseignement religieux à l'école et écarte, des programmes primaires et secondaires, l'enseignement critique longtemps ajourné. Bien différente est la méthode en France. Qu'on le veuille ou non, l'enseignement dit neutre n'est autre que l'enseignement critique abordé à l'école primaire. Il soumet l'enfance elle-même ou, tout au moins, il l'incline aux tendances raisonneuses qui sont la caractéristique des programmes actuels et, peut-être, une des causes les plus actives de la dégénérescence cérébrale qui nous frappe.

Les études critiques, dans notre Institut, ne viendront qu'avec le savoir et à la lumière des

---

1. *Les Allemands*, 81.

vérités philosophiques et objectives qu'éclaire surnaturellement le Christianisme et qui sont le salut de l'esprit humain. Nos programmes usent d'un double moyen : réunir tout d'abord les éléments de comparaison, objet nécessaire du raisonnement, et formuler en même temps les principes qui sont la boussole du philosophe. C'est ce qui constitue l'enseignement positif. Il occupera exclusivement nos élèves-institutrices, pendant les deux premières années d'études (*Rhétorique A*, *Rhétorique B*), et il tiendra toujours, d'ailleurs, une grande place dans nos programmes. A partir de la troisième année seulement, on s'adonne aux études critiques. Celles-ci évoluent, dès lors, dans le XIX° siècle, pendant deux ans, au cours desquels on apprend à connaître et à juger les principales tendances qui se partagent aujourd'hui la maîtrise des idées.

La dernière année est consacrée à l'étude des *Principes* et à la fréquentation des cours universitaires. Le magistral ouvrage qui nous est promis par M. l'abbé Frémont[1] fixe le jugement définitif, tandis qu'on se familiarise avec les idées indépendantes. Alors du haut de l'absolu, saisis-

---

1. *Les Principes*, par M. l'abbé Frémont, actuellement en préparation, paraîtront vers 1900. Cet ouvrage comporte un nombre considérable de volumes.

sant et illuminant le relatif, on détermine la mise au point de l'apostolat chrétien, par rapport à l'orientation actuelle des esprits.

L'inauguration de l'enseignement critique dans l'éducation chrétienne est donc, on le voit, une des principales résultantes de notre réforme. Ceci nous oblige à inscrire, dans nos programmes, des auteurs douteux et même quelques-uns des mauvais.

Passée au crible du bon goût et assainie, l'étude du xix° siècle ne saurait exclure certaines personnalités considérables et dominatrices. Comment ignorer, par exemple : Michelet, en histoire ; Renan, en philosophie ; Alfred de Musset, George Sand, Balzac, en littérature ? Comment oublier la puissante influence de leur talent et de leurs idées, sur la génération actuelle ? — Les mépris hautains ne suppriment pas le fétichisme d'un siècle idolâtre.

Voulez-vous, je suppose, toucher du doigt et le fort et le faible de Renan ? Étudiez-le. Sachez ce qu'il est. Ayez au moins la connaissance du talent et du procédé, du savant et de l'artiste, du grand charmeur, en un mot, si bien fait pour séduire l'esthétisme érudit. Que si la haute modestie, la sincérité loyale, la bonne foi désintéressée vous paraissent, d'ailleurs, chez un philosophe le complément — j'allais dire la marque — du véritable génie, vous apprendrez qu'on ne les demande pas à Renan, pourvu que vous analysiez, dans *la Vie de Jésus*, le chapitre qui traite de la résurrection de Lazare, et dans les *Souvenirs de jeunesse* le fragment qui renferme cette parole inouïe : « Je suis le premier à avoir compris le Christianisme. » Vous serez alors renseigné directement. Les procédés subjectifs, auxquels Renan subordonne l'histoire, l'érudition supérieure qu'il exploite en faveur de thèses convenues, la forme séductrice dont les enveloppe une langue admirable, sont autant de renseignements utiles à recueillir. Ils démontrent à nouveau le prestige de l'audace, quand elle est unie à la science et à la poésie, chez un artiste puissant. C'est ce qu'il faut connaître. On ne comprendrait pas l'engouement du siècle pour Renan, si l'on ignorait la magie de son style. Enchanteur par la forme et par l'érudition étincelante, quoique çà et là falsifiée, son étoile pâlit à l'ombre des interprétations préalables qui trahissent le sectaire. Pas d'objectivité, partant pas de science, diront vite les observateurs sérieux ! — Approchez donc sans peur, chrétiens convaincus; il n'y a rien à craindre quant à nous-mêmes, et, pour dégager autrui du joug des célébrités opprimantes, on est contre elles d'autant plus fort qu'on loue sciemment leurs dons superbes mais prostitués.

Les grands talents de notre siècle ne peuvent

passer inaperçus. Tribuns populaires investis d'une autorité retentissante, on aurait tort de croire que le dédain renverse seul d'aussi heureux usurpateurs. Les fanatiques qui les admirent prennent en pitié l'hostilité qui les ignore. Ils opposent mépris contre mépris et la victoire leur reste.

Donc, après avoir formé l'opinion et le jugement de nos Institutrices, je veux leur montrer de près un échantillon des principaux grands maîtres de la libre pensée militante au xix° siècle, personnifiés en philosophie et en histoire par Renan et Michelet — car il faut choisir. Les enjôleurs typiques de l'opinion s'appelleront, pour moi, dans la poésie et dans le roman, Alfred de Musset, George Sand, Balzac. Que si l'on demande les motifs de mon choix : à savoir pourquoi je distingue Renan et Michelet de préférence à Voltaire et à Rousseau, ou bien Alfred de Musset, George Sand, Balzac, plutôt que les poètes et romanciers immédiatement contemporains, la chose est facile à expliquer.

On pourrait, en effet, par une méthode différente, remonter jusqu'aux origines primitives du mouvement philosophique qui, à travers la révolution déiste, nous a peu à peu conduits à l'incrédulité radicale. Voltaire, le grand démolisseur de la société, et Rousseau, l'architecte des ruines, incarnent, il est vrai, dans leur vaste tête et contiennent dans leurs œuvres la genèse de ce siècle. Abrégé de tous les développements prolixes, que des penseurs plagiaires rééditent depuis eux, ils nous offrent le raccourci des opinions contemporaines. Lire Voltaire et Rousseau, c'est revenir aux textes divers d'où sont sorties les thèses favorites, popularisées plus récemment par la libre pensée athée et individualiste. Qui posséderait à fond Voltaire et Rousseau serait quitte assurément envers la cohorte des commentateurs verbeux, et on allégerait peut-être l'étude critique des temps présents si on avait le courage de lire sans omission, Voltaire et Rousseau. Ce courage nous manque pour nos Institutrices. Mais je ferai observer que l'étude approfondie de Voltaire, de Rousseau, telle qu'elle s'impose aux publicistes érudits, n'est nullement nécessaire aux femmes, pas même aux éducatrices dont la formation intellectuelle réclame d'autres connaissances critiques. Voltaire et Rousseau n'agissent plus aujourd'hui, que de seconde main. Ce n'est plus d'eux qu'on parle dans le monde. Il y a cent ans, la nouveauté de leurs idées remuait les salons; ils exerçaient alors sur les esprits une action vivante. D'autres aujourd'hui leur succèdent. L'argumentation des ennemis de l'Église varie peu, quant au fond —

Celse n'est-il pas le Renan du IIIe siècle? — mais elle se modifie selon les interprètes. Chaque époque a les siens. Les renommées présentes sont les causes dernières des grands mouvements d'opinion, les maîtresses directes de la critique publique. Si l'actualité n'a pas la primeur des thèses, le mérite de la mise au point lui reste et fait sa force. La mode change dans les écoles comme ailleurs. C'est même là une des raisons qui obligent les éducateurs à remanier souvent leurs programmes, et je n'assure pas que Renan et Michelet figurent toujours sur les nôtres. Du train dont marche la chute du rationalisme et avec le discrédit des faux mystiques, Renan et Michelet tomberont, peut-être, dans l'oubli avant longtemps. D'ici là toutefois, leurs personnes se dressent comme le porte-drapeau de la guerre à la religion et leurs œuvres désastreuses réclament l'attention des chrétiens, dès que ceux-ci veulent agir efficacement et avec sympathie. On est plus indulgent et plus adroit lorsqu'on connaît mieux les suggestions au moyen desquelles le talent — criminel parfois — enveloppe l'opinion séduite. L'apôtre attendri, par une intelligente compassion, ouvre alors un cœur pitoyable aux égarés. Inflexible en matière de principes, sévère pour les séducteurs, il admet du moins en faveur de

leurs victimes des circonstances atténuantes, que
le zèle ignorant ne voit pas et dont l'intervention
opportune ajoute, à la science du controversiste,
des élans parfois souverains. — Est-ce assez dire
pourquoi j'inscris, sur mes programmes critiques, le nom des personnalités trop fameuses
qui s'appellent Renan, Michelet, George Sand,
Balzac, Musset?

Un mot encore sur Michelet, et je passe de
l'histoire politique aux lettres.

La haine générale du XIXe siècle contre l'Église
ne s'explique pas complètement, si on ne la rat-
tache pas en histoire à l'influence capitale de
certains hommes, parmi lesquels il faut distinguer Michelet. Il suffit d'ouvrir son Histoire de
France et de lire seulement — nous n'en demandons pas plus — les parties qui traitent du Moyen
Age, de la Renaissance, de la Réforme, six ou
sept volumes environ. Là, dans cet amalgame
prodigieux d'admirations inattendues et de détails calculés, entre un portrait enthousiaste de
Gerson et une page infâme sur l'Église, le lecteur
passe du chaste poème de Jeanne d'Arc au réqui-
sitoire virulent contre les croyances chrétiennes.
Avec un art inimitable, la plus odieuse perfidie
sauve les personnalités quand elles échappent
complètement comme Gerson et Jeanne d'Arc à

toute attaque possible, mais en sapant les institutions et les dogmes qui précisément font les Jeanne d'Arc et les Gerson. Que si, au contraire, parmi les représentants de l'Église des personnages, d'ailleurs mille fois condamnés, participent individuellement à la dépravation et à la barbarie du siècle, ces monstres abominables deviennent pour Michelet la résultante du Christianisme catholique. C'est ici le Christ qui fait Judas. Des apôtres fidèles, des gloires de l'Église, pas un mot, à moins que ce ne soit pour montrer, dans le Saint, l'hérésiarque. Présentez de telles thèses dans un style merveilleux à l'entendement d'une âme idéaliste et passionnée, vous aurez les deux oreilles de la France. C'est ce qui arrive.

En vérité, les surprises morales s'expliquent avec de pareils livres. On ne comprend bien qu'en les lisant, et leur succès et les blessures profondes qu'ils font dans l'âme de la jeunesse. Artiste, penseur, poète, Michelet est sans contredit un des historiens les plus malfaisants de la première moitié du siècle. A ce titre nous sommes obligés de l'analyser à grands traits, comme chrétiens d'abord, comme Français ensuite.

. L'étude de l'histoire à notre époque est intimement liée à la politique. Dans l'enseignement la neutralité tapageuse n'est qu'un leurre, une pure duperie. Chez nos démocrates libres penseurs, qui donc n'a pas d'opinion politique? Les écoles de la jeunesse, avec ou sans étiquette, ont chacune la leur. Nous ferons donc à ce sujet notre profession de foi : elle se trouve formulée par les Encycliques de Léon XIII. Nous marchons à la lueur de ces flambeaux tutélaires, alliant la philosophie à l'histoire, abordant sans détours l'histoire politique, seule profonde, sincère et vraiment moderne.

Auteurs et professeurs n'écrivent ni n'enseignent plus désormais l'histoire comme autrefois. Ce n'est plus le conteur détaché, insouciant ou dissimulé qui parle. On ne composerait pas aujourd'hui, avec la plume d'un nouveau Voltaire, l'éloge étonnant qui classe le *Siècle de Louis XIV* parmi les livres d'une inspiration tout énigmatique. Honnêtement ou malhonnêtement, mais inévitablement, la thèse politique possède l'historien contemporain. Impossible d'éviter les courants, ils entraînent ou dans un sens ou dans l'autre. La véritable impartialité consiste — et ce sera notre loi — à enseigner complètement sans transiger, d'ailleurs, ni dans l'ordre des faits avec les aveux nécessaires, ni dans l'ordre des conclusions politiques avec les besoins du temps. Les aveux en histoire sont-ils donc si dangereux?

Ne sont-ils pas, d'autre part, inévitables? Il faut poser des principes vrais, à la base de la revision des hommes et des choses. En vertu de ceux-ci, on doit toujours distinguer l'homme, de l'idée ou de l'institution. On laisse, dès lors, aux passions humaines une juste part de responsabilité, et aux idées et aux institutions, même lorsqu'elles ont été déshonorées par quelque indigne représentant, la vérité intrinsèque que rien ne saurait effacer.

Ainsi raisonnée, l'histoire politique assure aux opinions une sorte de contingence qui est encore le meilleur antidote de l'arbitraire et du fanatisme. Nos Institutrices vouées, on le sait, à un apostolat supérieur, tout religieux, ne feront intervenir la politique en histoire qu'avec désintéressement et modération. Elle restera toutefois une partie intégrante des principes, lesquels en tout ordre précèdent, accompagnent et couronnent l'étude des hommes et des choses.

III

Pourquoi notre critique littéraire choisit-elle comme types d'étude Musset, George Sand, Balzac? Quelles sont, entre les œuvres de ces écrivains célèbres, celles que nous désignons de préférence? Je l'indique en peu de mots.

Musset, George Sand, Balzac sont à nos yeux les sujets qui s'imposent à la critique littéraire philosophique, parce qu'ils ne se rattachent positivement à aucune école. Ni classiques, ni tout à fait romantiques, le génie les élève au-dessus des distinctions toujours étroites et leur forte personnalité réunit, en prototypes vivants, les germes d'où sont sorties des tiges variées, mais chacune greffée sur ces souches mères. Est-ce que l'idéalisme *sensationnel* ne dérive pas tout entier de Musset, créant les chantres de la nature palpitante de vie, les poètes esthètes, les égotistes désespérés, les illusionnistes de l'image et de la pensée? George Sand n'a-t-elle pas fondé le naturalisme? N'avons-nous pas, dans Balzac, qu'il l'ait voulu ou non, l'initiateur des réalistes? — Aux maîtres donc la parole.

Mais ce premier motif de notre choix n'est pas le seul. Il faut considérer encore la marche accélérée de la décadence morale en littérature, depuis trente ans, et faire, tout d'abord, quelques remarques sur le naturalisme.

Vous êtes-vous jamais demandé, chères Maîtresses, pourquoi le réalisme et son frère brutal le naturalisme, si contraires aux vrais principes et aux influences religieuses, exercent néanmoins des ravages dans les classes supérieures de la société, dite chrétienne, mais peu à peu déchristianisée?

Ne nous le dissimulons pas, parmi les causes d'ailleurs multiples des défections trop fréquentes chez les jeunes femmes, je signalerai, comme l'une des moins connues, l'équivoque planant sur le naturalisme, qu'il ne convient pas, dans ces points de vue généraux, de distinguer du réalisme. Enveloppé, embelli, il entraînera certainement de plus en plus à mesure qu'il évolue vers je ne sais quelles formes idéalistes; à moins que l'éducation chrétienne ne fasse enfin la lumière, dans l'esprit de la jeunesse. Celle-ci ne peut être éclairée que si l'on admet l'examen du roman, dans les études critiques. C'est ce que je prétends faire.

A travers un extrait judicieux des œuvres de George Sand et de Balzac, je présente une analyse du naturalisme. Je montre ses mensonges et ses usurpations : ses mensonges, car philosophiquement il erre puisqu'il place le bonheur dans la créature, ce qui tend à renfermer l'infini dans le fini; ses usurpations, puisque son radicalisme progressif a finalement chassé Dieu, en empruntant néanmoins au *divin* ses meilleures armes saisies tout à la fois dans la nature et dans l'idéal, lesquels sont création et émanation de Dieu. L'examen des romanciers doit, selon nous, servir à dissiper l'équivoque fascinatrice dont vivent le naturalisme et le réalisme. Les condamner ne suffit pas; il faut les démasquer : les proscrire n'est qu'un leurre; il faut les décomposer : et pour démasquer et décomposer, il faut étudier. En supposant même que nous préservions nos élèves de toute influence naturaliste — prétention qui n'aspirerait à rien moins qu'à les garantir de l'air ambiant, — on se berce d'une étrange illusion quand on s'imagine dérober également, dans l'avenir, les chefs-d'œuvre naturalistes à la connaissance des femmes émancipées. Unanimement applaudis par une société fanatisée, ils s'imposeront tôt ou tard non pas seulement à la connaissance, mais peut-être même alors à la franche admiration, et celle-ci sera plus inévitablement funeste à la morale et à la foi, là où le mirage de l'équivoque rayonnera sur une terre vierge de toute initiation préventive.

Vienne le mariage, et voici dans le mari le *cicerone* empressé de faire tout entendre, tout voir, tout lire, sans rien expliquer du reste philosophiquement. Qu'expliquerait-il? Ce n'est pas au collège qu'on enseigne les délicates solutions de problèmes essentiellement actuels. Dans ces premières visions du Beau, apparaissant sous la forme naturaliste, l'ignorance philosophique laisse croire à l'incompatibilité du Beau humain avec la religion. Sans cela qu'est-ce qui les égarerait si vite? Seraient-ils entraînés seulement par la pente du cœur au mal? Mais alors à quoi servent nos dogmes et nos préceptes si les enfants que nous en nourrissons succombent aussi rapidement que les autres? — J'accuse ici l'ignorance philosophique, suite déplorable des éducations faibles, timorées, superficielles.

Ce sont les vrais charmes du naturalisme, ceux qu'il tient de la nature et de l'idéal, qui attirent presque toujours la jeunesse chrétienne, facilement déchristianisée. Ils la subjuguent, parce qu'elle ne possède pas les règles d'une saine critique, parce qu'on ne lui a pas appris, romans ouverts, que le système naturaliste, faux par ses excès et son but, renferme cependant des éléments de vérité, lesquels en eux-mêmes et détachés de l'exploitation qui les falsifie, peuvent et doivent être considérés comme des facteurs licites de libre enthousiasme. Il faut expliquer cela, en insistant sur ce qui manque à ces éléments pour devenir acceptables aux chrétiens. Il leur manque des limites garanties et une orientation rectifiée, car la nature est essentiellement bornée et l'idéal invinciblement divin. Voilà le *maître-axiome* qui nous sépare du naturalisme et du réalisme; on ne le perdra jamais de vue; on y ramènera, au contraire, l'attention de nos futures Institutrices. Mais, je le répète, il faut pour cela que la critique délicate du naturalisme entre désormais dans les programmes de l'éducation chrétienne, par l'analyse fragmentaire et choisie du roman d'école.

Si l'on veut savoir maintenant pourquoi nous choisissons Balzac et George Sand, de préférence aux écrivains actuellement vivants, nous le dirons à l'honneur de ces maîtres. Chez leurs descendants, en commençant par Gustave Flaubert, les excès de l'investigation et de l'analyse d'une part; d'autre part, la licence effrénée des tableaux, et enfin les théories soi-disant scientifiques qui inspirent certains auteurs, distillent véritablement dans le roman du jour un poison mortel à la jeunesse. Que sont les peintures de George Sand et de Balzac, comparées aux tableaux en chair vive de la littérature actuelle? Même les romanciers les plus sérieux ne savent pas rayer aujourd'hui de leurs livres, ni peut-être ils ne peuvent pas proscrire de leur mémoire, les scènes impures que des imaginations souillées étalent sans honte et qui déshonorent parfois jusqu'aux intentions sincèrement morales.

Et nos idéalistes spasmodiques, quelle femme osera les affronter?

Et l'auteur grossier d'œuvres répulsives, qui

avouera le connaître? Jusqu'à ses efforts pseudo-scientifiques, qui ne soient de terribles révélateurs! A quoi visent-ils sinon à désoler l'univers? L'atavisme et l'hérédité sont des lois; on en tombe d'accord : que la physiologie les enseigne dans ses laboratoires, elle en a le droit et le devoir. Mais rien ne justifie les romanciers, lorsqu'ils se plaisent à répandre des vérités vraiment cruelles. Leur vulgarisation peut enfanter un cauchemar moral, dont les troublantes suggestions entraînent des conséquences néfastes. Est-ce qu'on vend librement les toxiques et les anesthésiques violents? De même, les découvertes récentes qui ont livré aux savants des secrets, tels que les lois de l'atavisme et de l'hérédité, n'appartiennent pas et ne devraient pas appartenir à la spéculation littéraire.

Les amis de l'humanité ont mission d'entraver les incursions sur un domaine exclusivement scientifique. Le concours des vrais savants leur est acquis du reste; nul n'ignore en effet combien les divulgations intempestives contrarient l'œuvre médicale. La thérapeutique réclame à grands cris l'appui moral : mais quelle valeur aura-t-il chez un sujet affolé par les théories fatalistes? La littérature, en exploitant l'atavisme et l'hérédité, ne peut faire que beaucoup de mal dans une société qui est, comme la nôtre, dépourvue de principes métaphysiques et qui ne croit plus au surnaturel, contrepoids nécessaire des vérités naturelles.

La plus élémentaire sagesse bannit, en conséquence, le roman pseudo-scientifique de nos programmes. Nos Institutrices, bien qu'armées par une métaphysique orthodoxe et une religion profonde, ne perdront pas leur temps à des analyses inutiles et dangereuses. Voilà, sans doute, les œuvres les plus récentes et assurément les plus retentissantes, impitoyablement prohibées. Cela peut être regrettable, mais à qui la faute? A ceux qui, de propos délibéré, corrompent et insultent aussi bien la morale que le bon goût. Le cordon sanitaire ici sera de fer. M'accuserait-on de négliger la littérature actuelle! Je prétends que Balzac et George Sand en ont la légitime paternité. Le pessimisme dissolvant de l'un, et chez l'autre l'exaltation des joies naturalistes préludent, par d'éclatantes sonorités, aux variations prochaines.

Quel sera maintenant notre choix entre les poèmes de Musset, les ouvrages de George Sand et de Balzac? Je n'ai pas à en fixer le détail absolu. Nommer les *Nuits*, l'*Espoir en Dieu*, la *Lettre à Lamartine*, le *Souvenir*, la *Mare au diable*, *Mauprat*, le *Père Goriot*, le *Lys dans la vallée*, c'est assez indiquer, chez les précurseurs du roman actuel, quelques œuvres susceptibles de fournir un texte à la critique des genres, sans empoisonner les imaginations, malheur inévitable avec les tableaux d'un naturalisme plus avancé.

C'est ici le lieu de dire ce que nous pensons du roman.

Faut-il le condamner, ou l'autoriser, et par conséquent en approuver la lecture et la composition? Les moralistes chrétiens ont de tout temps manifesté leur sévérité envers les romans. Cela s'explique. La masse des œuvres mauvaises et la rareté des bonnes ont discrédité le genre, et il faut reconnaître que les auteurs fournissent eux-mêmes les arguments d'accusation. En l'état, on ne peut donc qu'exceptionnellement permettre la lecture des romans, car la morale a trouvé chez les romanciers plus d'émancipateurs que d'adeptes. Ceci déploré, disons que la défectuosité à peu près générale des œuvres ne saurait prévaloir philosophiquement contre la légitimité du genre. Que celui-ci s'exerce selon ses lois, il devient utile et bienfaisant. Bien mieux, les romanciers sincères, ceux qui ne cherchent pas matière à scandale, ceux qui se détournent avec délicatesse des difformités répugnantes ou des plaies de la société, les conteurs moralistes et poètes ont une belle mission à remplir, en propageant l'amour du beau et en encourageant la pratique du bien.

Étudier la légitimité du roman, c'est poser une question de morale et une question d'art. La question d'art, en elle-même, a été examinée déjà : je reporte le lecteur à de précédentes conclusions. Nous avons établi, en traitant de la jouissance, l'accord philosophique, dans toutes ses manifestations, de l'art et du christianisme, et le roman poétique n'en est pas la moins utile par son agrément. Sans doute, la poésie n'a qu'une part restreinte dans notre vie. Ici-bas, nous appartenons à l'action et non pas au plaisir. Mais l'âme humaine, aussi bien que le corps, a besoin de repos et de délassement. C'est par l'idéal qu'elle entretient et développe ses forces, c'est à l'art qu'elle demande le repos délicieux de l'extase.

La lecture du roman est donc licite. A son heure elle devient nécessaire. Est-elle souvent possible? — Assurément non, car on voit le roman trahir la poésie et forfaire à sa mission. Plus fidèle, la religion cependant le regarderait volontiers, comme un auxiliaire dans les voies du sublime. Malheureusement le réalisme, le naturalisme, l'*idéalisme sensationnel* surtout, enlèvent au véritable idéal, à la poésie transcendante, nos plus grands romanciers. Le génie et le talent ne s'essa-   . . âme plus à produire ces chefs-d'œuvre de beauté purs, nobles, impérissables, que la littérature française n'a plus connus depuis Chateaubriand, Mme de Staël, Lamartine.

La réhabilitation pratique du roman, considéré dans le genre idéal et poétique, ne fera d'ailleurs un pas vers les applications actuellement presque impossibles et toujours très délicates, qu'après un mouvement de rénovation littéraire active et supérieure. En attendant, chères Maîtresses, rappelons-nous les droits de la saine philosophie. Les définitions exactes sont, dans les temps d'erreur, les dernières forteresses du vrai : — il faut toujours les occuper.

Voyons maintenant ce que nous devons penser du roman philosophique.

Le roman philosophique exerce une plus grande influence que le roman poétique. Les thèses en action sont plus populaires que les fictions idéales ; elles intéressent un public plus nombreux. Elles sont donc susceptibles de faire beaucoup de mal et beaucoup de bien. Par malheur, elles ont fait beaucoup de mal, ayant été de préférence exploitées contre les principes et la vertu. Le roman philosophique a surtout plaidé la cause des passions et des utopies, contre la raison et la réalité. Ennemi des lois sociales et divines, on l'a vu s'insurger au nom de la fausse justice contre des opinions et des usages, qui forment la base de l'ordre moral. Les coups réflexes de la solidarité dans la famille et dans la société, par exemple, ont particulièrement attiré l'attention et provoqué de nos jours, chez des moralistes fameux, d'éloquents paradoxes, comme si la chaîne indestructible qui relie entre elles les actions humaines pouvait céder à plaisir et dégager les individualités enserrées dans ses anneaux. Penseurs de haute envergure, ils ont nommé cet effort, d'ailleurs stérile, « le renversement des préjugés »; ceux-ci survivent à leurs atteintes. Mais par l'ébranlement des principes, par l'amollissement des caractères, par la multiplication des défaillances, le roman philosophique inféodé aux intérêts passionnels et à l'utopie a fait une œuvre néfaste de démoralisation active et profonde. Déplorons-le, sans toutefois condamner le genre, car il peut être éminemment moral et bienfaisant.

Le roman philosophique a un beau rôle à remplir, dans l'éducation de la société. Je glisserai même à ce sujet une observation pratique. Je voudrais provoquer, chez les femmes chrétiennes, l'apostolat de la plume. Pourquoi celles que la nature a douées d'intelligence et d'imagination n'échangeraient-elles pas les occupations futiles de la vie mondaine, contre un emploi meilleur des loisirs qu'assure la fortune? Pourquoi n'écriraient-elles pas de bons romans? Dira-t-on qu'on ne crée pas des romanciers? Des romanciers de génie, assurément non ; mais on suscite des romanciers de talent. Avec le journalisme et les Revues, la littérature actuelle devient sinon un métier, du moins une carrière. Tel, qui aujourd'hui réussit dans cette profession, eût vécu sans elle stérile et ignoré. L'instruction et le travail, servis par des qualités natives indispensables sans doute, mais assez répandues, donnent souvent des résultats honorables. En veut-on la preuve? Qu'on recherche seulement les personnalités cachées sous des pseudonymes estimés dans les lettres, on y trouvera un nombre considérable de gens du monde. Que si les femmes chrétiennes, imitant le zèle des écrivains laborieux, s'exerçaient, elles aussi, à l'art d'écrire, avec l'orientation supérieure de l'âme la beauté du style, chez ces nouveaux apôtres, naîtrait de la beauté de la pensée. Utile aux lettres comme à la morale, leur noble tentative ajouterait peut-être des noms respectés au livre d'or du talent. — Noms privilégiés, gloires sans taches, c'est à vous qu'il appartiendrait de réconcilier l'art et la vertu!

IV

Plus d'un lecteur sourira peut-être ou s'impatientera, en rencontrant parmi nos auteurs choisis des noms tels que ceux de Montesquieu, Tocqueville ou Leroy-Beaulieu. — Les questions économiques, si vastes, si compliquées et si décevantes, dès qu'on arrive au chapitre des conclusions formelles, ne sont pas, dira-t-on, à l'usage des femmes. Alors que les spécialistes eux-mêmes font banqueroute dans le jeu délicat, insaisissable et complexe des problèmes économiques, c'est folie que de vouloir initier les femmes du monde à des énigmes presque insolubles.

— Nous tomberions, en effet, sous le coup du ridicule, si telle était notre prétention. J'invoque encore une fois, pour ma justification, mon but et ma méthode : ce n'est pas l'érudition qui nous sollicite, c'est la conquête des *principes* directeurs et nécessaires du jugement. Nous ne faisons pas à proprement parler d'incursion spéculative; nous faisons des promenades philosophiques, à travers les grandes questions générales, ce qui est très différent. Qu'on veuille bien d'ailleurs l'observer, il ne se rencontre, dans nos programmes, aucun traité d'économie politique et sociale. On y voit

17

seulement figurer des ouvrages relatifs à ces problèmes ardus et empruntés aux travaux les plus célèbres et les plus modernes. Que ces problèmes soient, du reste, le monopole des hommes en tant qu'étude approfondie, rien de plus juste. Mais les privilèges de profession n'en désintéressent pas l'attention publique. D'autre part, nous attribuons à l'instruction des femmes une valeur éducative et non pas érudite. A ce titre, il est très avantageux de les familiariser avec des thèmes difficiles qui leur révèlent les complexités de certaines sciences et leur apprennent, dès lors, combien la réserve sied mieux que le ton tranchant, habituel à l'audacieuse jeunesse. Parmi ces thèses fécondes en leçons intellectuelles et morales, l'économie politique nous arrête un moment parce qu'elle embrasse les questions sociales très inquiétantes aujourd'hui, et parce qu'elles ont été présentées au public dans de très intéressants ouvrages.

N'est-il pas opportun d'abattre l'orgueil de l'esprit? Les femmes elles-mêmes y succombent. Il semble sage de les initier aux difficultés de la combinaison et à ses mécomptes. Cet exercice écarte l'arbitraire et inspire la prudence. Compter, même superficiellement et en général, les éléments multiples qui posent les termes des grands problèmes économiques, élargit en outre les idées, forme le jugement, prépare les répliques sensées. Et comme nous voulons utiliser la parole de la femme dans le monde, il est à propos de lui fournir le mot juste, capable de modérer, dans les controverses de salon, la passion et le paradoxe. N'arriverait-on d'ailleurs qu'à habituer l'esprit à la rencontre de l'imprévu, le résultat serait précieux. Il nous apprendrait à renfermer nos jugements dans une limite, mesurée aux rares certitudes de notre raison et à la pauvreté de notre expérience.

Ces réflexions rapides se complètent par une dernière remarque. Elles consacrent, une fois encore, les droits de l'enseignement chrétien seul susceptible de reculer sans danger son horizon. Initier la jeunesse incrédule aux aspects multiples des problèmes sociaux, en soulignant leurs inextricables difficultés de solution, ne servirait qu'à développer en elle un scepticisme fatal. — Avec la foi, nul écueil semblable. La foi apparaît encore ici, comme le phare nécessaire à quiconque prétend voguer sur les hautes mers de la pensée.

Nous reprocherait-on de ne pas donner une assez large part à l'étude des sciences mathématiques et des sciences naturelles, qu'il serait aisé de nous disculper.

Veuillez bien vous rappeler, en effet, que notre système d'éducation se caractérise par l'enseignement des idées générales, celles-ci étant considérées comme les grands canaux des principes qu'il s'agit de développer fortement et rationnellement. L'érudition scientifique n'est pas notre affaire, ses voies sont trop lentes.

Les sciences n'ont de valeur révélatrice qu'à la condition d'être approfondies. C'est ce qui en fait le monopole des spécialistes. En dehors d'eux et de quelques passionnés qui lui consacrent leurs veilles, pour la masse la science se réduit à une teinture de notions exactes. Elle ne sert qu'aux applications utilitaires. Manuel de métier, théorie de praticien ou même gymnastique cérébrale, si l'on veut : sa valeur n'est qu'usuelle, c'est à ce titre seul que l'étude des mathématiques et des sciences naturelles trouverait sa place, dans un programme de jeunes filles. Or, la vie ordinaire des femmes ne leur offre pas l'occasion d'appliquer les hautes connaissances scientifiques, et quant à l'exercice intellectuel, l'élasticité d'esprit s'acquiert plus largement par l'étude des lettres et de la philosophie.

Un jeune mathématicien plein d'avenir a conçu le plan d'un ouvrage appelé à rendre de grands services et dont nous serions les premiers à user, s'il était jamais fait et bien fait. Étranger aux écrasantes nomenclatures qui seront l'éternel obstacle à la vulgarisation des connaissances scientifiques, ce livre aurait pour but d'offrir aux profanes une véritable philosophie des sciences. Aucun ouvrage de ce genre n'existe actuellement en aucune langue; nos recherches du moins ne l'ont pas découvert. La science n'est, paraît-il, pas encore assez riche en résultats certains, pour permettre la rédaction de ce précieux travail. Il viendra à son heure, et satisfera dès lors nos curiosités légitimes. Qu'un artiste en effet, un poète, un philosophe omniscient, barde immortel des sublimes épopées, chante le triomphe de la connaissance humaine, alors, sceptre en main, la science prendra sa place populaire à côté de ces gloires antiques de la philosophie et de l'art. Mais en attendant l'interprète sacré capable de chiffrer la grande symphonie vulgarisatrice, si belles que soient les prémices de son avenir, l'étude détaillée des sciences n'entre pas dans nos programmes d'enseignement supérieur. Nous en resterons aux données simples de l'enseignement primaire et secondaire, ne mettant en lecture, après les traités scolaires, que des ouvrages choisis et peu nombreux. Entretenir chez nos élèves-institutrices le souvenir des études antérieures, s'aider des bons ouvrages pour leur faire entrevoir les éléments constitutifs de la vaste synthèse attendue et provoquer l'hommage enthousiaste qui doit animer la jeunesse chrétienne en présence du mouvement scientifique moderne, est un devoir : nous n'y faillirons pas.

Sans doute, la science ne rend pas encore au Christianisme, estime pour estime. Parmi ses représentants actuels il en est peu, hélas! qui croient la religion et la science appelées à marcher, la main dans la main; mais l'erreur temporaire de quelques individualités bruyantes ne prévaudra pas contre la vérité, n'étouffera pas les acclamations de la jeunesse chrétienne. Quand l'histoire d'ailleurs instruira le procès du XIX° siècle, jugeant avec impartialité ses fautes et ses égarements, ses vertus et ses bienfaits, les sévérités pèseront sur la philosophie et sur les lettres, tandis que la science, dégagée des fumées qui l'enveloppent, sortira de l'enquête, pure et amnistiée. C'est la philosophie d'école avec ses arbitraires pétitions de principes et le dilettantisme de salons ou de clubs, que l'avenir dénoncera comme les empoisonneurs responsables, car la littérature naturaliste et la philosophie indépendante ne produiront, comme témoins à décharge, ni œuvres saines ni écrivains bienfaisants, tandis que la science et les savants, malgré leur indifférence envers la foi, se réclameront, celle-là de progrès admirables, et ceux-ci d'une pureté d'intention, d'une sincérité et d'un amour du vrai, qui sont de nobles mobiles et de valables excuses.

La science, chères Institutrices, est une des manifestations les plus authentiques de la divinité. Si vous ne pouvez la cultiver, vous devez du moins l'aimer et, j'ajoute, la plaindre aussi, car elle a eu l'immense malheur de s'élever dans un temps où le concours d'une saine philosophie lui a manqué. Inféodée aux solutions régnantes, l'erreur lui a présenté les siennes, comme les seules susceptibles de s'harmoniser avec elle et elle les a acceptées — très regrettable malentendu ! Mais les malentendus n'ont qu'un temps. La vérité scientifique et la vérité philosophique et religieuse descendent des mêmes hauteurs. Elles ont la même origine et la même fin. C'est pourquoi leur réconciliation publique est une des fêtes que l'avenir réserve à la postérité : croyons-en les prophéties autorisées des Monsabré, des d'Hulst, des Vigouroux, des Frémont !

Nous ne voulons pas prolonger ce débat, destiné à justifier les omissions volontaires : les réflexions précédentes disent assez en quel honneur nous tenons la science, et dans quel esprit nous ne lui avons pourtant fait qu'une place secondaire, dans nos programmes.

V

On a remarqué enfin, non sans quelque étonnement, l'article qui termine nos programmes par ces mots : « Nos élèves-institutrices suivront les grands concerts et assisteront à quelques belles représentations théâtrales. »

Qu'est-ce à dire? On promet dans les nouvelles Institutrices des apôtres et c'est par un noviciat mondain qu'on se propose de dresser, dans leur cœur, l'autel du dévouement religieux?— Étrange moyen! Passe encore la musique; mais non pas le théâtre.

Je m'explique :

L'audition des concerts provoque les nobles vibrations de l'âme et développe un utile savoir. La fréquentation, prudente et réglée des théâtres, où se déploie le grand art ou même simplement l'art courant, est le complément nécessaire de l'étude critique. Elle apporte des renseignements, qui ne sauraient manquer aux Institutrices, sans diminuer considérablement les ressources de leur influence. Or, nous voulons que cette influence soit ingénieuse, puissante et complète. Les lacunes, les brisures laissent la porte ouverte, quand vient le temps des libres responsabilités, aux ennemis de l'intégrité morale de la femme. Notre réforme a pour but de ne rien abandonner désormais à l'aventure. Sans doute, les principes généraux ont une valeur fondamentale, mais ils ne suffisent plus. N'avons-nous pas déjà montré que les milieux chrétiens, nourris assurément de principes excellents, fournissent malgré cela à l'incrédulité des recrues trop nombreuses? Il faut encore revenir sur les causes de ces désertions.

Il y a, entre les principes généraux chrétiens et les mœurs païennes de notre siècle, une contradiction théoriquement irréductible et que toutefois dans la pratique il faut bien mettre au point. Autrement, c'est la rupture forcée. Qui donc enseignera les articles de ce concordat, sinon les Institutrices? Et comment les formuleraient-elles si elles n'en ont pas elles-mêmes, dans leur expérience, fixé les termes délicats? C'est par les voies modernes qu'il faut ramener la jeunesse au christianisme; ce sont les seules qui désormais et selon toutes les apparences nous restent ouvertes. N'attendons pas qu'elles se ferment après les autres et isolent la religion, dans un cercle de jour en jour rétréci et déserté.

Nos Institutrices connaîtront les grandes scènes

théâtrales. Elles entendront les belles œuvres dramatiques, parce qu'elles ont à demander à l'observation le secret des enthousiasmes passionnés et des entraînements redoutables. Quant à elles, n'ayez aucun souci. Fortes dans les croyances, sereines dans l'amour divin, ni le désordre d'une philosophie éperdue, ni le sensualisme corrupteur des effets esthétiques, n'entament les âmes que l'infini possède. Nos Institutrices seront de celles-là : du moins, nous l'espérons de Dieu.

Nous exprimerons même le regret que les Institutrices ne puissent pas apprendre aussi, par la fréquentation des salons, ce qu'elles doivent penser du monde. Malheureusement, il n'est pas possible de leur faire une place, dans les fêtes de l'élégance. Elles devront toutefois avoir des principes directeurs, sur cette importante question. J'indique rapidement dans quel sens on les initiera.

École de plaisir, source de corruption plus que de vertu, le monde a rencontré dans l'Évangile, dans l'Église et chez de nombreux moralistes indépendants, non pas des contempteurs aveugles, mais de clairvoyants censeurs. De Jésus-Christ à Tertullien, de Tertullien à Bourdaloue, de Bourdaloue à Monsabré, longue est la série des attaques, longue aussi la liste des arguments que le monde ne cesse de fournir contre lui. Mais je ne dirai pas aux Institutrices : Que pensez-vous du monde en lui-même? Ce serait comme si l'on disait aux Français : Que pensez-vous de la démocratie? On en pense que la démocratie existe, en France, comme le monde existe, dans toute société civilisée : cette simple constatation coupe court aux disputes théoriques. Quoi qu'on pense du monde, *en principe*, la vie du monde s'impose, *en fait*. Nous donc qui élevons la jeunesse destinée à y vivre, armons-la d'avance contre ses dangers. Une femme honnête reste honnête partout. Si l'on convient que la haute société, vue dans certains salons cosmopolites ou dans les peintures célèbres qu'on a faites de quelques-uns de ses membres assidus, n'est pas non plus de nos jours une école de vertu : l'observation, tant soit peu éveillée, remarquera vite que le mal ne s'y localise pas, d'ailleurs. La corruption entame les classes moyennes comme les hautes. L'oisiveté, l'ennui, la dépravation innée font éclore les Mme Bovary dans une villageoise, tout comme ils produisent, sous l'action factice et énervante des plaisirs, les marquises de Campvallon d'Arminges, vicieuses et enfiévrées. L'éloignement du monde ne délivre pas à la jeunesse un brevet de moralité impeccable. Ainsi mieux vaut préparer des individualités résistantes, susceptibles de régénérer les milieux, que de se borner à condamner les milieux, pour s'éviter la peine de *vacciner* les individus. Nous ne mettrons pas le monde en ostracisme, nous condamnerons le mal qui s'y fait et nous nous efforcerons de le prévenir, en envoyant au monde des femmes solidement trempées. « Père, disait le Seigneur, je ne vous prie pas de les ôter du monde, mais de les préserver du mal. » L'impiété accuse volontiers l'Église d'hostilité formelle contre la vie de société. C'est une erreur complète. La vie de société dérive immédiatement de la vie de famille. Elle en est l'extension, plus ou moins élargie. Attaquer l'une serait très directement viser l'autre. L'Église les aime et les protège, toutes deux. Gardienne fidèle de la famille proprement dite, elle ne demande qu'à étendre son autorité tutélaire jusqu'à ces autres grandes familles qui naissent des groupes sociaux réunis par une même éducation dans des espèces de cercles fraternels, qui ne sont que la reproduction agrandie du cercle familial. Un même désir inspire la vigilance de l'Église envers la famille et envers la société. Elle défend l'une et l'autre contre nos faiblesses et nos vices, en ne tolérant les écarts ni dans le cercle fermé ni dans le cercle ouvert. Que si d'ailleurs elle manifeste une sévérité plus retentissante envers les sociétés, c'est quand celles-ci prennent des licences plus grandes. Ce n'est pas l'Église qui rompt avec les sociétés, ce sont les sociétés qui rompent avec l'Église.

Est-ce que l'Église ne nous a pas offert autrefois l'exemple des belles réunions de société? N'a-t-elle pas vu, à son âge primitif, les groupements des chrétiens? J'entends l'objection : « Ils s'unissaient pour prier ou pour mourir, s'écrie-t-on; nous ne sommes plus aux siècles héroïques. » En effet, on ne propose pas la substitution du Cénacle ou des Catacombes au Casino. On indique seulement des spécimens de la vie de société à l'aurore du Christianisme. L'homme et la femme — et c'est leur rencontre qui constitue la société comme la famille, — l'homme et la femme, dis-je, se cherchent au lendemain du Calvaire pour adorer d'un seul cœur, et pendant les persécutions pour mourir ensemble du même martyre. Viennent des temps moins augustes et plus humains, ils se cherchent encore dans les donjons chrétiens des châtelaines et à l'ombre des chênes séculaires qui abritent les cours d'amour. Quand les besoins intellectuels s'accentuent, à mesure que la civilisation sort des nimbes du moyen âge, la vie de société s'affirme et s'élève; un nouvel effort s'accomplit, une manifestation infiniment policée se dégage et reste, malgré le rire de Molière, la tentative la plus remarquable de la vie de société au sein de l'élégance et de la religion. Est-ce à dire que l'Église se soit montrée hostile à ces différentes phases de la vie de société ? L'Église est, au contraire, mêlée ici-bas à la vie de société dans ses évolutions diverses. Elle refera dans le présent ce qu'elle a fait dans le passé, pourvu que nous nous rendions dignes de sa protection, en préparant à la société des éléments d'une urgente rénovation intellectuelle et morale. L'homme ne peut pas vivre sans délassement et sans joie. La vie de société lui offre l'un et l'autre ; elle détend, elle épanouit ses facultés fatiguées. Sage, noble, élevée, elle introduit dans notre activité laborieuse un agent récréatif, légitime et sain. Elle est une des forces de l'âme. A ce titre, avec les limites voulues, les sociétés rencontrent dans l'Église une alliée et non pas une ennemie.

Aussi bien, les éducateurs voient dans la fréquentation du monde pour les jeunes filles, quand elles sont armées de principes suffisants, une initiation pratique et une épreuve avantageuse. On expérimente la vie extérieure, on s'y essaye à vaincre les convoitises sentimentales. Il est assez imprudent de confier l'achèvement de l'éducation féminine au mari. Y serait-il disposé par la capacité et le bon vouloir, ce qui est rare, on devrait encore redouter pour lui, dans le ménage, un rôle qui n'a rien d'aimable et qui ne saurait être désintéressé. Le mari trouvera mieux son compte à recevoir de nos mains une femme complètement élevée.

Conduisons donc nos filles dans le monde, non par dissipation, mais par calcul, en vue de leur apprendre à vaincre les tentations qui sont inévitables, que nous avons bien la faculté d'ajourner mais non de supprimer, et que l'intérêt moral bien entendu nous invite à virilement et noblement aborder de front, alors que les risques sont encore restreints et les conseils encore possibles.

On désirerait, sans doute, les réunions mondaines moins enveloppées de tout ce qui peut séduire; cependant qu'y faire? Le luxe et le sensualisme sont partout. Nous devons régler nos rapports avec le monde et sur ce théâtre, tôt ou tard inévitable, préparer la jeune fille à la victoire de l'esprit et du cœur. L'éducation en fera sentir la nécessité probable et peut-être même cueillir les palmes méritoires; car, hélas! les rigueurs de la vie imposent à la conscience des devoirs héroïques. Le naturalisme optimiste périt ici sous le coup des faits; ni ses incitations malfaisantes, ni ses utopies licencieuses ne modifieront l'infortune sacrée d'où résulte l'obligation de vaincre, en soi, la convoitise des sens. Mais si le naturalisme succombe, la foi triomphe et la force souveraine de la religion se manifeste avec éclat.

Seul, le Christianisme peut exiger du cœur humain, sans barbarie, les renoncements suprêmes que seul il ose enseigner et seul peut obtenir; car, pour le croyant, le sacrifice, si grand qu'il soit, n'est jamais qu'une oblation relative, suivie et récompensée, un jour, par la conquête immuable de l'absolue félicité.

QUATRIÈME PARTIE

Conclusion.
Les Dames du Préceptorat chrétien.

———

Les voyageurs, qui descendent en bateau les rives accidentées du Rhône, ont sans doute admiré le paysage grandiose et vraiment unique qui se déroule sous les remparts d'Avignon, d'un côté entre la masse imposante du vieux Palais des Papes, assis majestueusement sur le rocher des Doms, et de l'autre côté entre les ruines antiques, restes des monuments jetés par le Moyen Age aux flancs des derniers contreforts des Cévennes. Là, sous le beau ciel provençal, loin du monde et dans un de ces sites merveilleux qui semblent être, ici-bas, les véritables paradis de la solitude, nous poserons, si Dieu le veut, les fondements d'une retraite nouvelle.

18

Cœurs charitables, ouvrez-vous!

Nous n'espérons pas orner nos réfectoires, nos parloirs et nos cellules, des fresques d'un Léonard de Vinci ou d'un Fra Angelico, ni décorer nos terrasses d'un peuple de marbre, créé par le ciseau de Michel-Ange; nous savons que le compas magique de la Renaissance ne mesurera pas, sous l'inspiration d'un nouveau Bramante, les modestes proportions de notre édifice. Mais les merveilles de la nature étaleront du moins, sous nos yeux, le spectacle religieux et sublime des œuvres de Dieu et les ruines séculaires, dont nous serons environnés, rappelleront à nos âmes le néant des œuvres humaines. Là, enveloppé de poésie, se dressera un jour, grâce aux libéralités de bienfaiteurs généreux, l'*Institut des Dames du Préceptoral chrétien* [1].

I

On s'appliquera pendant cinq ans, avons-nous dit, à l'étude de nos vastes programmes. — Mais comment s'opérera la sélection des sujets?

[1]. Dès maintenant les souscriptions et les offrandes, pour l'Institut nouveau, seront reçues avec reconnaissance chez la fondatrice, Madame la vicomtesse d'Adhémar, rue Saint-Thomas-d'Aquin, n° 1, à Avignon (Vaucluse).

Contrairement au mode de l'Université, la collation des grades, ou plutôt le titre de Sociétaire, ne s'obtiendra ni au concours ni par des examens spéciaux. Nous aurons un jury, constitué en permanence. Il dressera, au jour le jour, la cote de la valeur individuelle des élèves. Nullement limitées aux matières d'instruction, les notes recueillies, qui porteront, bien entendu, sur les aptitudes intellectuelles et sur le savoir, considéreront aussi le caractère, les sentiments, la santé. Au moyen de ces appréciations l'élimination aura lieu sans éclat, l'école rejetant peu à peu les non-valeurs, afin de former une société d'Institutrices choisies, véritablement capables de mener à bien la grande œuvre de l'éducation. Impitoyables dès le début, nous nous appliquerons à fournir, avec notre première promotion, les personnalités distinguées que nous avons annoncées. Qu'on ne s'étonne donc pas si une telle formation s'accomplit avec lenteur. En exigeant cinq années de préparation, nous fixons un minimum. On en conviendra facilement si l'on observe qu'à l'étude de programmes très développés s'ajoute l'initiation à des principes très délicats et nouvellement introduits dans l'enseignement des femmes. Décidé à réussir, l'Institut ne laissera professer ses jeunes sociétaires que lorsqu'elles auront acquis des idées solides, sur les plus importantes questions dont ce livre renferme l'examen. Riches en conclusions précises, extraits de nos études positives et critiques, les nouveaux principes seront aussi utiles aux Institutrices, dans le gouvernement journalier de la vie que favorables à l'éducation de leurs élèves. Détachées des vains plaisirs par le culte des saines et nobles jouissances, préservées des illusions entraînantes ou des révoltes désespérées, elles sauront ce qu'elles doivent penser des lectures, des romans, du théâtre, des bals, en un mot des mœurs et de la civilisation actuelles. Elles feront une appréciation large, sympathique, quoique virile et tout évangélique, de notre société contemporaine et de ses diverses manifestations. — Elles posséderont la double science de l'absolu et du relatif, et sauront allier fidèlement la vie chrétienne à la vie moderne.

II

Mais pour atteindre notre grand but, c'est-à-dire pour préparer de bonnes Institutrices aux familles, pour régulariser le système de l'éducation privée, pour travailler à la forte rechristianisation des âmes en élevant le niveau philosophique, moral et religieux dans l'éducation des filles, une double fondation s'impose. Au moyen de la première, l'école normale, on forme les Institutrices; par la seconde, on les réunit et on les groupe en société apostolique, car il est temps de l'affirmer, notre œuvre ne peut que revêtir un caractère éminemment religieux.

Avant de conclure en ces termes, des hésitations sérieuses nous ont longtemps préoccupée. Je dois à mes lecteurs la communication des motifs qui, néanmoins, à la réflexion, m'ont inébranlablement décidée.

Entreprendre une fondation religieuse nous parut tout d'abord une folie. Les temps monastiques ne sont-ils pas évanouis à jamais? L'esprit moderne dont le souffle, parfois si violent, a ébranlé depuis un siècle les institutions antiques et vénérables qui répondaient aux besoins religieux de nos pères, ne voudrait plus aujourd'hui que des institutions laïques. Passionnément réclamées de nos contemporains, qui croient voir en elles l'instrument du progrès et du bonheur futur des peuples, il semble difficile de restaurer sous le règne de l'incrédulité actuelle, les œuvres condamnées qui ont fait, aux époques de foi, la gloire et l'honneur de la France chrétienne. Le mépris du passé écrase les vieilles institutions, les dédains sont presque unanimes et le culte de je no sais quel chimérique avenir, déjà déifié, cherche à légitimer aux yeux du peuple les attentats par lesquels on veut aujourd'hui désaffecter les cathédrales, ruiner les monastères et laïciser les écoles.

Rêver une fondation religieuse à l'aurore du xxe siècle et l'entreprendre dans l'ordre enseignant, tandis que l'enseignement paraît une prérogative et bientôt peut-être un monopole universitaire, n'est-ce pas un ridicule anachronisme? S'il se trouvait, parmi les chrétiens, des novateurs assez candides pour tenter une semblable entreprise, leur illusion dérisoire soulèverait, semble-t-il, la pitié universelle!

Quand les ordres de charité, si précieux à la misère et à la souffrance, n'échappent pas à l'aversion générale, quand la guerre acharnée les poursuit jusque dans les hôpitaux, comment s'illusionner sur l'hostilité que rencontre aujourd'hui l'esprit religieux? Si l'on considère que les pouvoirs usent de toutes sortes de rigueurs pour entraver l'action des ordres autorisés, que les lois leur portent des coups mortels, on comprend que la raison humaine hésite à suivre les conseils du cœur et l'amour du bien à créer des œuvres qui paraissent en opposition flagrante avec les tendances publiques et les sympathies gouvernomentales. Il y a là, sans doute, matière à réflexion.

Mais il est certain, d'autre part, que notre œuvre comporte un caractère inéluctable : le caractère religieux.

Son but, souverainement apostolique, n'est réalisable au triple point de vue économique, disciplinaire et moral, qu'à l'aide d'un Institut religieux.

— Notre œuvre sera religieuse ou elle ne sera pas.

Or, elle sera.

Nous ne pouvons donc adopter qu'une seule forme : la forme religieuse, *mais sans vœux*.

La suppression des vœux ouvre largement les portes de sortie : ceci est très nécessaire. Les *Dames du Préceptorat chrétien* astreintes, bien entendu, aussi longtemps qu'elles feront partie de l'Institut, au double vœu d'obéissance et de pauvreté, ne feront pas le troisième vœu, — le vœu de célibat, — à cause des tentations qu'elles coudoieront, chaque jour, au milieu du monde et qui peuvent tôt ou tard assaillir leur cœur. Nous voulons leur laisser la liberté de se marier, sans parjure. Seulement il va de soi qu'en se mariant, elles cessent d'appartenir à notre Institut, tout comme les Évêques cessent d'être Sulpiciens, en acceptant l'épiscopat.

Fonder un groupe apostolique, fort et condensé, sans élever un vrai couvent est une utopie. On ne peut faire des apôtres sans allumer au feu de l'autel le foyer sacré qui condense et rayonne la foi, le renoncement, le zèle, ni sans les réunir en société religieuse volontaire et libre. Le tenter serait creuser une source de difficultés intarissables et courir à un échec. Le don de soi-même, fait par la grâce irrévocable et total, arrache seul l'âme à l'égoïsme et lui donne seul les ailes qui la transportent au sein de l'Infinie Charité, mère divine des désintéressements suprêmes et des oblations parfaites. L'action puissante ne s'exerce qu'à l'aide de serviteurs tout pénétrés d'abnégation, car à l'abnégation se lie l'obéissance et à l'obéissance gouvernée l'autorité nécessaire. — Voilà pour les avantages moraux.

Au point de vue économique, les associations, considérées aujourd'hui comme la solution de nos difficultés sociales si menaçantes, après avoir rendu d'éclatants services dans le passé, répondent encore dans le présent, chez les nations libérales, aux dangers de l'individualisme exclusif.

Le temps et l'argent sont deux facteurs principaux, dont nulle œuvre ne saurait se passer et dont le concours, en ce qui concerne le temps, n'appartient jamais à l'homme isolé.

Ainsi la fidélité aux idées apostoliques qui nous animent et le problème des difficultés morales et matérielles, que soulève la fondation de notre œuvre, ont déterminé forcément son caractère religieux. Lacordaire l'a dit : « En dehors de la pensée religieuse on n'a jamais vu se réaliser la communauté volontaire de biens et de vie... La religion seule apprend à descendre et à se dépouiller volontairement, par conséquent à s'associer... Aujourd'hui que le besoin d'association se manifeste de toutes parts, et qu'après avoir détruit l'association chrétienne on en veut construire une autre sur des bases de pure raison, que voyons-nous? Nous voyons, entre autres efforts curieux, des hommes se consumer en rêves subtils et les plus ingénieux du monde, pour substituer dans l'association, la loi du plaisir à la loi du dévouement... »

Or, comme c'est la loi du dévouement et non celle du plaisir qui gouverne notre Institut, les *Dames du Préceptorat chrétien* seront réunies non pas en syndicat laïque, mais en société religieuse.

III

L'Institutrice religieuse, avons-nous dit, occupera dans la famille une position égale à celle qu'on donne au Précepteur ecclésiastique. Mais les familles, largement récompensées, trouveront chez les Institutrices religieuses des avantages tellement considérables, qu'elles se prêteront volontiers aux obligations requises. On leur demandera certains engagements, notifiés dans un prospectus particulier, et l'Institut ne délivrera ses sujets que sous conditions.

On connaît son esprit, sa méthode, ses programmes. On sait quel est le genre d'instruction et d'éducation, auquel on préparera les *Dames du Préceptorat chrétien*. Les familles, qui s'en défieraient, sont libres de chercher ailleurs. Il y aura toujours beaucoup d'Institutrices indépendantes dans le monde. Chacun choisira la sienne où et comme il l'entendra. Si ses principes déplaisent, on ne se pourvoira pas à l'Institut; mais dès l'instant qu'on s'y adresse, c'est une preuve qu'on adhère à ses idées et qu'on estime ses garanties.

— Donc, en échange des garanties offertes et appréciées, l'Institut réclame pour les *Dames du Préceptorat chrétien* la liberté d'action, en matière d'enseignement.

De même, que les diplômes universitaires acquis par les hommes sont pour les familles, en ce qui concerne les Précepteurs, une garantie d'instruction reconnue qui laisse ceux-ci maîtres des études, de même en ce qui concerne les *Dames du Préceptorat chrétien* une égale indépendance est de rigueur. Elles conserveront, pour les diverses matières fixées, la faculté de suivre les programmes et les livres de l'Institut.

Pourquoi s'en choquerait-on? Ce n'est point abdiquer, entre les mains d'une étrangère; c'est simplement confier la direction des études à une institution scolaire représentant des idées connues et sympathiques; car il est bien certain que la faveur des parents, volontaire et réfléchie, n'est point ici surprise. Les Institutrices, dépouillées de tout individualisme capricieux, ne dépendent plus d'elles-mêmes, mais de l'Institut qui les a formées et qui continue à les diriger selon l'esprit qu'on s'est efforcé de faire connaître ici publiquement. N'accepte-t-on pas les cours universitaires et les cours libres? — C'est un choix à faire, une décision à prendre, mais le choix fait et la décision prise, il n'y a pas de raison pour soumettre le Précepteur et l'Institutrice à des conditions différentes.

Au point de vue moral, non seulement l'Institutrice religieuse offre les mêmes garanties que le Précepteur ecclésiastique, mais son influence donnera peut-être encore des fruits meilleurs, puisque l'Institutrice religieuse a subi la préparation spéciale qui, trop souvent, manque au Précepteur ecclésiastique. Celui-ci adopte l'enseignement occasionnellement, sans vocation déterminée ni formation préalable. L'Institutrice au contraire, pendant cinq années de noviciat studieux, a été pour ainsi dire coulée dans le moule de sa future mission. Pendant que des Maîtresses instruites cultivaient son intelligence, d'autres expérimentées initiaient son âme à toutes les ressources dont il faut user pour enrichir magnifiquement le cœur de la jeunesse.

Sans exalter trop haut les avantages que présenteront les *Dames du Préceptorat chrétien*, considérées comme plus compétentes que les Précepteurs ecclésiastiques, attendu qu'à ceux-ci manque la formation spéciale qui fait le mérite de celles-là, il faut cependant bien admettre un argument décisif. — A part les supériorités particulières, possibles çà et là chez les Précepteurs ecclésiastiques doués de facultés éminentes et du pur zèle sacerdotal : on peut affirmer, en général et sans arbitraire, que l'ouvrier est plus capable après apprentissage que sans apprentissage. L'artiste est son maître, j'en conviens, mais l'artiste est une exception rare. Malheur à qui verrait un artiste dans un pédagogue !

Si les grands Ordres enseignants, les Dominicains ou les Jésuites, par exemple, détachaient de leurs collèges les hommes admirables et si bien formés qui y travaillent avec tant d'éclat à l'éducation de la jeunesse masculine, s'ils les envoyaient en mission dans les familles comme Précepteurs, de même que nous enverrons nos Filles comme Institutrices, assurément le parallèle changerait de face. Les *Dames du Préceptorat chrétien* abdiqueraient alors toute prétention supérieure, même sur le terrain de l'influence morale, qui est pourtant si propice à l'action féminine. Mais les Jésuites et les Dominicains n'exercent pas le préceptorat dans les familles, et les ecclésiastiques qui s'y consacrent entrent trop souvent dans cette voie, poussés par des motifs d'intérêt personnel. Tantôt c'est la raison de santé qui décide le prêtre malade ou vieilli à échanger les labeurs du ministère paroissial contre les soins plus doux d'une éducation privée; tantôt un jeune prêtre studieux accepte le préceptorat comme un stage destiné à favoriser ses études. Si distingués qu'ils soient d'ailleurs, l'un et l'autre, l'éducation n'est pas le but primordial de leur vie. Ils accomplissent la tâche recherchée avec talent, conscience, dévouement même, mais c'est par nécessité temporaire et non par vocation déterminée. Les bonnes intentions ne suffisent pas, dès lors; l'absence de préparation, de maturité dans la mission, laisse une lacune regrettable.

Aussi bien les *Dames du Préceptorat chrétien*, quoique très aptes à diriger les garçons jusqu'à douze ans, — elles auront appris le latin dans ce but, — seront principalement destinées à l'éducation des jeunes filles. C'est pourquoi l'Institut se propose de les former très soigneusement, en vue de l'influence qu'elles devront exercer sur le caractère, sur les idées et sur les goûts, car l'éducation morale des filles, — qu'on ne s'y trompe pas, — est infiniment plus délicate que celle des jeunes gens. Le succès en est aussi chanceux et aussi problématique. Il y faut une habileté souple, des connaissances approfondies, une variété de ressources inépuisable; il y faut non seulement du dévouement et du zèle, mais un savoir-faire consommé. Façonnées par une préparation intelligente et prolongée, choisies par un conseil sévère uniquement préoccupé des intérêts de l'apostolat, nos Institutrices seront vraiment les Institutrices capables, dont le besoin se fait sentir et que nous avons annoncées aux familles.

Est-il nécessaire de définir plus strictement la situation nouvelle qui devra être faite aux *Dames du Préceptorat chrétien* et que l'Institut réclamera pour elles: Disons-le, en deux mots : elles occuperont, dans les familles, une position égale à celle qui est réservée aux Précepteurs ecclésiastiques. Ennoblies par l'idée apostolique qui les inspire et rehaussées par la haute culture intellectuelle qui les distingue, elles auront droit aux égards, à la déférence, dont le monde entoure, d'ordinaire, les personnes revêtues d'un caractère religieux dignement représenté. Nous compterons sur la considération et le respect des familles, en outre sur certaines complaisances nécessaires. Nous demanderons l'autorisation de prélever, pour les Institutrices, quelques modestes loisirs sur les labeurs de la journée. Ceci est rigoureusement indispensable. La triple vie intellectuelle, morale et religieuse, dont nous nous serons longuement efforcés d'allumer l'ardeur dans l'âme de nos Filles, s'éteindrait peu à peu sous le souffle attiédi du monde et dans la mélancolie de l'isolement, si les familles négligeaient d'accorder aux Institutrices religieuses, dans une juste mesure, la faculté de travailler et de prier. — On ne refuse pas à la Sœur de Charité qui veille au chevet d'un malade la permission de le quitter à l'aurore un instant, si elle le peut, pour aller chercher à la messe l'exemple et la force du sacrifice. — Les heures perdues d'ailleurs dans les salons, aux parties de

plaisir, aux amusements de toute nature, fourniront à l'Institutrice, qui n'y participera pas, les
loisirs demandés. Naguère tourmentées par les
mille ennuis que causent les goûts mondains des
Institutrices, les familles s'applaudiront de leur
choix, dès qu'elles les verront préférer la salle
d'étude et la chapelle aux distractions incompatibles avec leur état.

Mesure-t-on maintenant toute la distance qui
sépare les Institutrices actuelles des futures Institutrices religieuses?

Nous sommes loin, en effet, de la position
fausse, embarrassée et embarrassante, qui crée
aujourd'hui aux familles et aux Institutrices
autant de difficultés que de gêne. Nous sommes
loin, au point de vue intellectuel, du règne com-
biné de l'incapacité passive et arbitraire. Nous
sommes loin, au point de vue moral, des faiblesses menaçantes. Nous sommes loin, au point
de vue religieux, de la molle tiédeur qui refroidit
et stérilise les âmes.

Mais à quoi devons-nous ces bénéfices? — Au
caractère religieux des Institutrices nouvelles.

Encouragez donc, mères de familles, femmes
du monde passionnément attachées au bien,
l'œuvre que nous voulons fonder avec vous et
pour vous! Aidez-nous de votre concours sympa-

thique et généreux ! — Dieu bénissant nos efforts communs, vous trouverez un jour, pour élever vos enfants, des personnes vraiment dignes de votre confiance, et à qui il vous sera doux de réserver, dans votre intérieur, la position indépendante et honorée, que l'Institut revendiquera pour les *Dames du Préceptorat chrétien !*

FIN

TABLE DES MATIÈRES

DEUXIÈME PARTIE

· Les principes.

TROISIÈME PARTIE

Nos programmes. Leur justification.

QUATRIÈME PARTIE

Conclusion. Les Dames du Préceptorat chrétien.

Coulommiers. — Imp. PAUL BRODARD. — 565-95.

PUBLICATIONS DE LA LIBRAIRIE PERRIN & Cie

HELLO (Ernest). — **L'Homme.** La vie, la science, l'art. Ouvrage précédé d'une introduction par M. Henri Lasserre; 3e édition.............. 3 50

— **Le Siècle.** Les Idées et les Hommes, avec une préface de M. Henri Lasserre. 1 vol. in-16........... ..... 3 50

SERRE (Joseph). — **Ernest Hello.** L'homme, le penseur, l'écrivain. 1 vol. in-16, avec un portrait en taille-douce........... ..... 3 50

O'MEARA (Katlleen). — **Frédéric Ozanam,** sa vie et ses œuvres, précédées de quelques pages inédites de Mme Augustus Craven, née La Ferronnays. 1 vol. in-12........... 3 50

COCONNIER (R. P. Marie-Thomas). — **L'âme humaine.** Existence et nature. 1 vol. in-12........... ..... 3 50

ROTOURS (Angot des). — **La morale du cœur.** Études d'âmes modernes, avec une préface de M. Félix Ravaisson. 1 vol. in-12.............. 3 50

BREMOND D'ARS (Le Comte Guy de). — **La vertu morale et sociale du christianisme.** 1 vol. in-12........... 3 50

— **Les temps prochains.** La guerre. — La femme. — Les lettres. 1 vol. in-12........... 3 50

ROD (Édouard). — **Les idées morales du temps présent.** Ernest Renan. — Schopenhauer. — Émile Zola. — Paul Bourget. — Jules Lemaître. — Edmond Schérer. — Alexandre Dumas fils. — Ferdinand Brunetière. — Le comte Tolstoï. — Le vicomte E.-M. de Vogüé; 5e édition. 1 vol. in-12. 3 50

— **Le sens de la vie.** Ouvrage couronné par l'Académie française, prix de Jouy; 10e édition. 1 vol. in-12........... 3 50

SÉAILLES (Gabriel). **Ernest Renan.** Essai de biographie psychologique; 2e édition. 1 vol. in-16........... 3 50

— **Léonard de Vinci.** — L'artiste et le savant (1452-1519). Essai de biographie psychologique. 1 vol. in-8 orné d'un portrait en héliogravure.. 7 50

DUCROS (Louis). — **Diderot.** L'homme et l'écrivain. 1 vol. in-16... 3 50

GRÉGOIRE (Léon). — **Le pape, les catholiques et la question sociale;** 2e édition, refondue, précédée d'une lettre de Son Em. le cardinal Langénieux, archevêque de Reims. 1 vol. in-12. ..... 3 »

NICOLAY (Fernand). — **Les enfants mal élevés.** Étude psychologique, anecdotique et pratique; 15e édition. 1 vol. in-12.............. 3 50
Ouvrage couronné par l'Académie des sciences morales et politiques.

DOUMIC (René). — **Écrivains d'aujourd'hui.** Paul Bourget. — Guy de Maupassant. — Pierre Loti. — Jules Lemaître. — Ferdinand Brunetière. — Émile Faguet. — Ernest Lavisse. — Notes sur les Prédicateurs : Monseigneur d'Hulst, etc. 1 vol. in-12............ ..... 3 50

— **La Vie et les Mœurs au jour le jour.** 1 vol. in-16.............. 3 50

MAZZINI (Joseph). — **Lettres intimes de Joseph Mazzini,** publiées avec une Introduction et des notes par M. D. Melegari. 1 vol. in-16..... 3 50

JOUBERT. — **Œuvres de J. Joubert.** *Pensées et correspondance,* précédées d'une notice sur sa vie, son caractère et ses travaux, par M. Paul de Raynal, et des jugements littéraires de Sainte-Beuve, Sylvestre de Sacy, Saint-Marc Girardin, Géruzez et Poitou; 8e édition. 2 vol. in-12...... 7 »
Le volume de *Pensées* se vend séparément........... 3 50
— *Correspondance* se vend séparément........... 3 50